서울대 한국어

Workbook 2A

서울대학교 언어교육원

서울대 한국어 2A Workbook

지은이 서울대학교 언어교육원
편집인 박형만, 양승주, 김지연, Cliff Lee
펴낸곳 (주)투판즈
서울시 강남구 논현로 303
Tel (02)2140-2500
Fax (02)2140-2599
www.twoponds.co.kr
등록 1980년 10월 7일 제2004-000086호
디자인 새담디앤피
초판 1쇄 2013년 5월 1일
63쇄 2026년 2월 1일

ISBN 978-89-539-4950-8

Written by Language Education Institute, Seoul National University
Published by TWOPONDS Co., Ltd.
Designed by SAEDAM D&P

머리말 Preface

〈서울대 한국어 2A Workbook〉은 〈서울대 한국어 2A Student's Book〉의 부교재로, 주교재에서 학습한 내용이 연습을 통해 사용 능력으로 정착되도록 구성하였다. 이를 위해 어휘와 문법을 다양한 맥락 속에서 사용해 보고 복습 단원을 통해 정리 학습이 이루어질 수 있도록 하였다.

어휘는 사용 영역을 고려한 문장 및 대화 단위의 연습 문제를 마련하여 맥락에서 의미를 파악하고 생산적인 사용에 이를 수 있도록 하였다. 또한 목표 문법을 문장 및 대화 단위에서 정확하게 사용하여 문장 구성 능력, 담화 구성 능력을 익힐 수 있도록 하였다. 어휘 및 문법의 연습 문제에 제시된 문장이나 대화는 연습을 위한 기계적 문장을 지양하고 실제적 상황, 유의미한 대화에 중점을 두고 제시함으로써 교실에서의 연습이 교실 밖에서의 언어 사용 능력으로 용이하게 연계되도록 하였다. 또한 학습 내용을 점검하고 정리하기 위한 복습 단원을 세 단원마다 두었다. 복습 단원에서는 의미적 또는 형태적으로 유사한 문법의 구별 학습, TOPIK 형식의 어휘와 문법, 듣기, 읽기 및 쓰기 연습 문제 풀이, 발음 복습 등을 통해 과별로 학습된 언어 지식 및 언어 기술을 확인하고 통합하여 사용해 보도록 하였다. 또한 말하기 확장 연습을 추가로 제공하여 초급 단계의 구어 능력을 강화할 수 있도록 하였다.

이 책이 완성되기까지 많은 분들의 노력과 수고가 있었다. 무엇보다 오랜 기간에 걸쳐 집필 및 출판 과정에 참여한 교재개발위원회 선생님들의 헌신으로 책이 만들어질 수 있었다. 또한 2012년 겨울학기에 직접 수업에서 사용하면서 꼼꼼하게 수정해 주신 신경선, 현혜미, 이현의, 이소영, 서경숙, 김종호, 이수미, 이슬비 선생님, 정확한 발음으로 녹음을 해 주신 성우 임채헌, 윤미나 선생님께 감사를 드린다. 아울러 책이 출판되기까지 오랜 기간 동안 작업을 도와주신 투판즈의 사장님과 도현정 부장님, 박형만 편집팀장님, 양승주 대리님, 김지연 주임님을 비롯한 편집진 여러분께도 고마운 마음을 전한다.

2013. 5.
서울대학교 언어교육원
원장 정 상 준

Preface 머리말

<Seoul National University Korean Language 2A Workbook> is a supplementary resource for <Seoul National University Korean Language 2A Student's Book>. This book is carefully coordinated to develop learners' proficiency through exercises supporting the content of the main textbook. It provides a variety of exercises for vocabulary and grammar, and review units.

Sentence level and dialogue level vocabulary exercises are designed to promote learners' ability to grasp meaning in context and apply language in productive manner. Grammar exercises develop learners' control of grammar at the sentence level and conversational level, and further expand learning ability to creating sentences and conversational language. Carefully selected sentences from meaningful and authentic communicative contexts enable learners to apply language in real-life situations beyond the classroom. A review unit in every three main units allows both evaluation of learners' progress and review. Review units provide learners with opportunities to integrate the knowledge and skills acquired from each unit through the contrast of grammar items that are similar in meaning and form, TOPIK test modeled review exercises for vocabulary, grammar, listening, reading, and writing, and a pronunciation review. Extended speaking practice enhances learners' early competence in spoken language.

We wish to express our sincere gratitude to all who contributed to this project. We would particularly like to thank all instructors from the textbook development committee. Without their dedication and effort, this textbook would not be possible. Also, we would like to thank the following instructors for their help in piloting materials and making suggestions during the Winter session 2012: Shin Kyungsun, Hyun Haemi, Lee Hyuneui, Lee Soyoung, Suh Kyungsook, Kim Jongho, Lee Sumi, Lee Seulbi. In addition, we would like to thank Lim Chaeheon and Yoon Mina for their audio recordings. Finally, we would like to extend our gratitude to the CEO of TWOPONDS, Director Do Hyunjeong, Editorial Manager Park Hyungman, Mr. Yang Seungju, Ms. Kim Jiyeon and all other editorial staff members for their generous support in having this volume published.

May 2013

Jeong Sangjun
Executive Director
Language Education Institute, Seoul National University

일러두기 How to use this book

서울대 한국어 2A Workbook은 〈서울대 한국어 2A Student's book〉의 부교재로 1~9과, 복습 1~3으로 구성되었다. 각 과는 '어휘 연습', '문법과 표현 연습', '문형 연습'으로 구성되어 있으며, 복습은 '어휘와 문법, 듣기, 읽기와 쓰기, 발음, 말하기'로 구성되어 있다.

The Seoul National University Korean Language 2A Workbook is a supplementary resource for the <Seoul National University Korean Language 2A Student's Book>. This workbook contains 9 main units and 3 review units. Each unit consists of Vocabulary exercises, Grammar and Expression exercises, and Pattern Practice. Review units include Vocabulary and Grammar, Listening, Reading and Writing, Pronunciation, and Speaking exercises.

학습 목표 Learning Goals

각 과의 어휘, 문법과 표현, 문형 연습의 학습 목표를 제시한다.

The Cover Page presents the learning objectives of the Vocabulary, Grammar and Expression, and Pattern Practice portions of each unit.

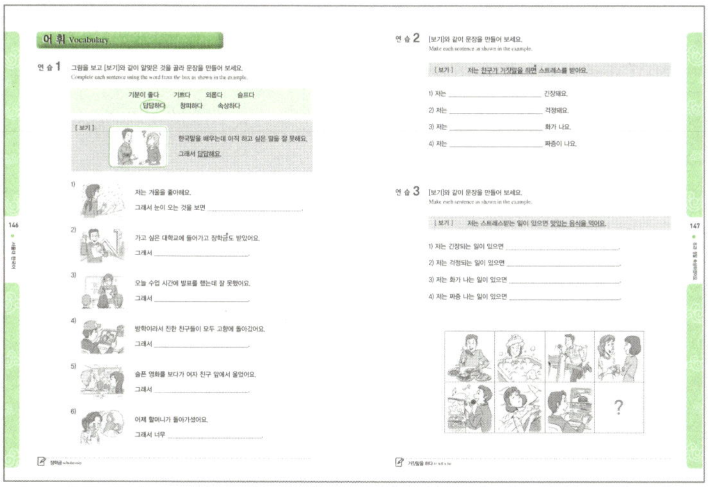

• 어휘 Vocabulary

주제 어휘의 의미를 확인하고 사용역이나 연어 관계 등을 익히며, 문장 혹은 대화 단위의 어휘 연습을 통해 어휘의 사용 능력을 기른다.

The Vocabulary section develops learners' knowledge of lexical meanings, domain of usage, and collocations while promoting vocabulary use through sentence or dialogue level exercises.

일러두기 How to use this book

• 문법과 표현 Grammar and Expression

형태 연습과 문장 단위의 연습, 대화 단위의 연습으로 구성된다.

The Grammar and Expression section offers pattern drill exercises, sentence level exercises and dialogue level exercise.

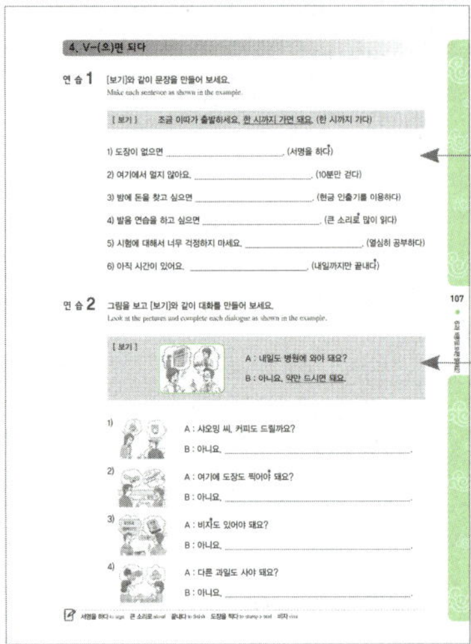

4. V-(으)면 되다

연 습 1 [보기]와 같이 문장을 만들어 보세요.
Make each sentence as shown in the example.

[보기] 조금 이따가 출발하세요. 한 시까지 가면 돼요. (한 시까지 가다)

1) 도장이 없으면 ____________. (서명을 하다)
2) 여기에서 멀지 않아요. ____________. (10분만 걷다)
3) 밤에 돈을 찾고 싶으면 ____________. (현금 인출기를 이용하다)
4) 발음 연습을 하고 싶으면 ____________. (큰 소리로 많이 읽다)
5) 시험에 대해서 너무 걱정하지 마세요. ____________. (열심히 공부하다)
6) 아직 시간이 있어요. ____________. (내일까지만 끝내다)

연 습 2 그림을 보고 [보기]와 같이 대화를 만들어 보세요.
Look at the pictures and complete each dialogue as shown in the example.

[보기] A : 내일도 병원에 와야 돼요?
B : 아니요, 약만 드시면 돼요.

1) A : 샤오밍 씨, 커피도 드릴까요?
B : 아니요, ____________.
2) A : 여기에 도장도 찍어야 돼요?
B : 아니요, ____________.
3) A : 비자도 있어야 돼요?
B : 아니요, ____________.
4) A : 다른 과일도 사야 돼요?
B : 아니요, ____________.

107

형태 연습

목표 문법의 활용 형태를 연습한다.

Pattern drill exercises provide practice of target grammar conjugations.

문장 연습

제시어나 그림, 사진을 활용하여 문장을 구성한다.

Sentence level exercises allow for the production of sentences using given words, illustrations, or photographs.

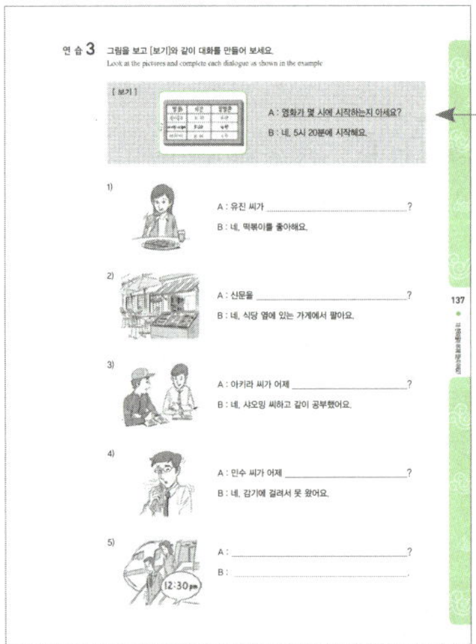

연 습 3 그림을 보고 [보기]와 같이 대화를 만들어 보세요.
Look at the pictures and complete each dialogue as shown in the example

[보기] A : 영화가 몇 시에 시작하는지 아세요?
B : 네, 5시 20분에 시작해요.

1) A : 유진 씨가 ____________?
B : 네, 떡볶이를 좋아해요.
2) A : 신문을 ____________?
B : 네, 식당 옆에 있는 가게에서 팔아요.
3) A : 아키라 씨가 어제 ____________?
B : 네, 샤오밍 씨하고 같이 공부했어요.
4) A : 민수 씨가 어제 ____________?
B : 네, 감기에 걸려서 못 왔어요.
5) A : ____________?
B : ____________.

137

대화 연습

제시어나 그림, 사진을 활용하여 맥락을 드러내는 짧은 대화를 구성한다.

Dialogue level exercises offer short contextual dialogues using given words, illustration, or photographs.

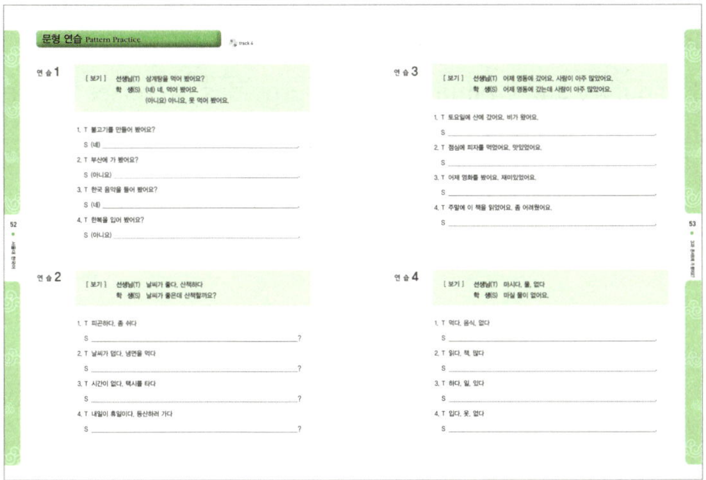

• 문형 연습 Pattern Practice

통제된 반복 연습을 통해 학습한 문법과 표현을 충분히 익히도록 한다.

The Pattern Practice section encourages learning of grammar and expressions through controlled repeated exercises.

• 복습 Review

과별 학습 내용을 연계하여 어휘와 문법, 듣기, 읽기와 쓰기, 발음, 말하기의 영역별 복습을 할 수 있도록 구성되어 있다.

The Review section reexamines the Vocabulary, Grammar, Listening, Reading, Writing, Pronunciation, and Speaking portions of each unit.

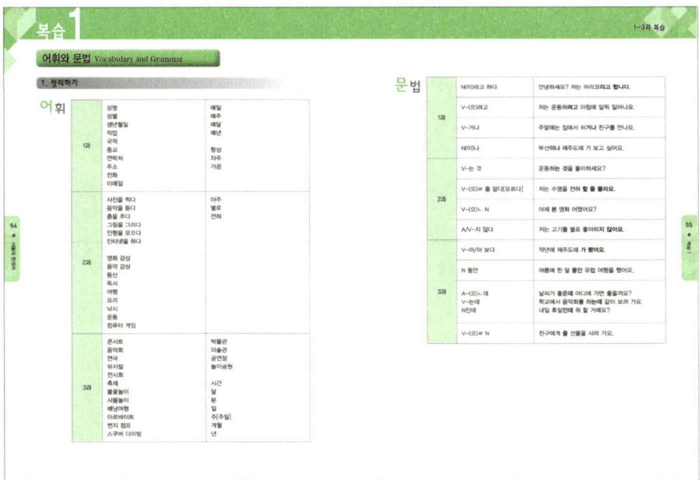

어휘와 문법

주제 어휘, 문법과 표현의 각 항목을 예문과 함께 제시하여 학습 내용을 확인하고 정리할 수 있도록 한다.

The Vocabulary and Grammar section provides a consolidated explanation of each key Vocabulary, and Grammar and Expression item.

일러두기 How to use this book

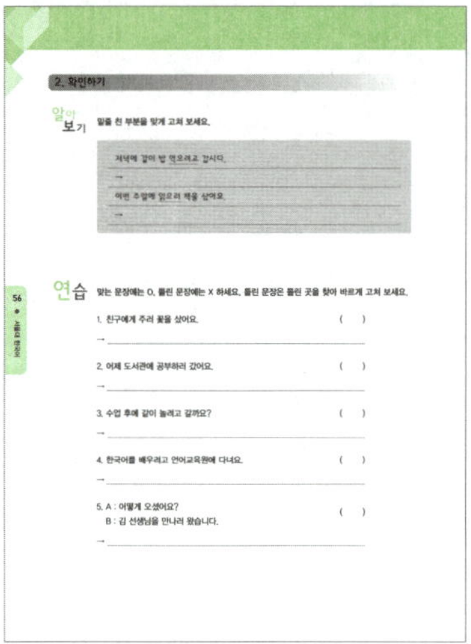

목표 문법 중 학습자 오류가 빈번하거나 심화 학습이 필요한 항목을 선정하여 의미와 용법을 재확인하고 연습할 수 있도록 한다.

The Vocabulary and Grammar section provides exercises to reexamine selected items that have a high frequency of grammatical errors and require further study.

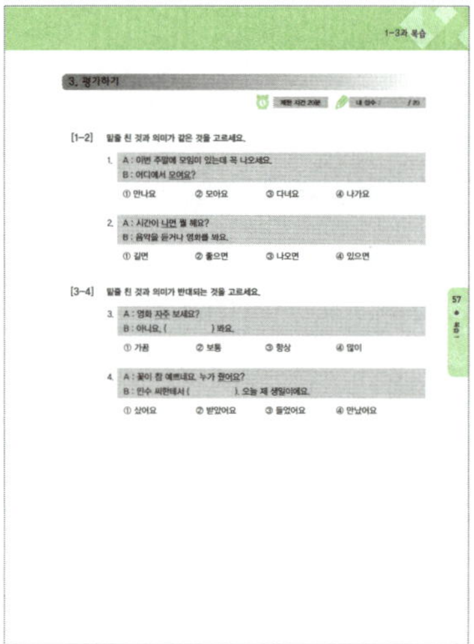

어휘, 문법과 표현에 대한 다양한 유형의 문제를 풀면서 학습자의 성취도를 점검할 수 있도록 한다.

The Vocabulary and Grammar section provides various types of pattern exercises to evaluate learners' progress.

듣기

학습한 주제와 관련된 내용의 문제를 풀면서 의사소통 상황에 대한 이해 능력을 높이도록 한다.

The Listening section promotes topical comprehension in communicative contexts.

읽기와 쓰기

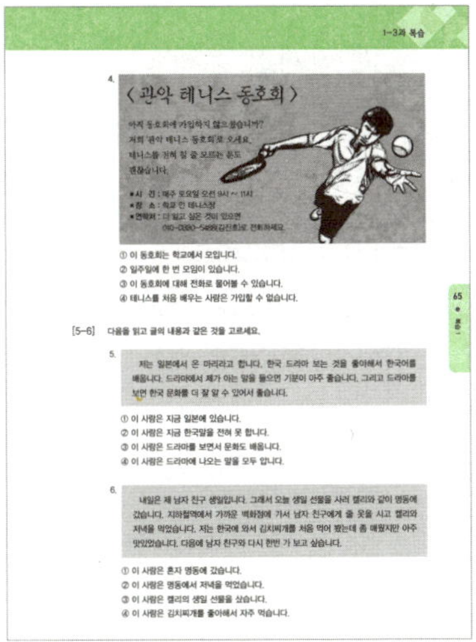

읽기

목표 어휘와 문법이 포함된 다양한 글을 읽고 문제 풀이를 통해 이해를 확인한다.

The Reading section presents varied types of texts and exercies that include target vocabulary and grammar allowing learners to check their comprehension.

쓰기

문장 단위 쓰기 연습을 마련하여 목표 어휘와 문법을 사용한 문장 구성 능력을 향상시킬 수 있도록 한다. 또한 주제 중심의 담화 단위 쓰기 연습을 통해 텍스트 구성 능력을 향상시킬 수 있도록 한다.

The Writing section offers sentence level writing exercises that enhance the ability to create sentences using target vocabulary and grammar, and thematic conversational level writing exercises that promote the ability to construct texts.

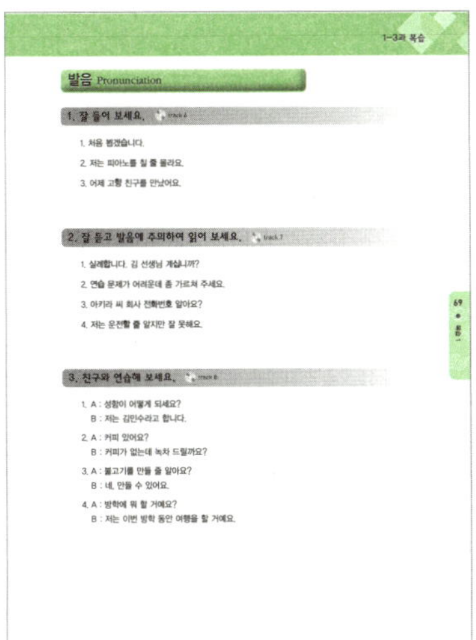

발음

학습한 발음 영역의 내용을 확인하고 연습을 통해 정확한 발음이 내재화될 수 있도록 한다.

The Pronunciation section provides a review of pronunciation rules and ensures successful internalization of accurate pronunciation.

일러두기 How to use this book

말하기

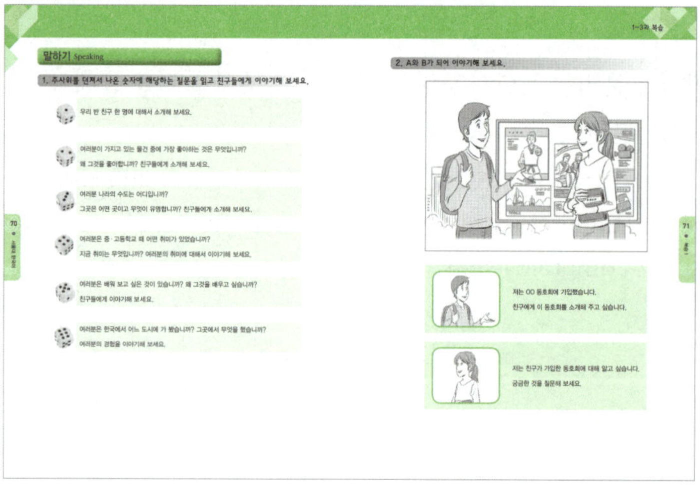

말하기 1

학습한 내용과 연계된 주제 중심의 말하기 연습을 게임 형식으로 제시한다.

The Speaking 1 section presents game-like speaking exercises linked to topical learned content.

말하기 2

실제적인 대화 상황을 역할극 형식으로 제시하여 유의미한 상호작용이 이루어지도록 한다.

The Speaking 2 section offers reciprocal practice at realistic role-play scenarios and at authentic communicative situations.

• 부록 Appendix

'듣기 지문', '모범 답안'으로 구성된다.

The Appendix supplies Listening Scripts, and Answer Key.

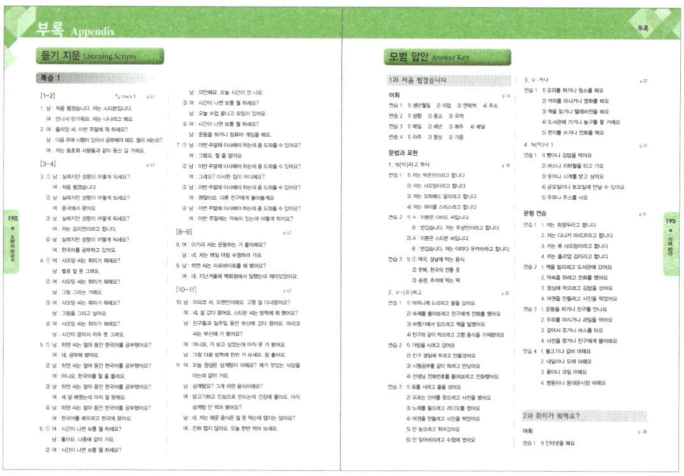

듣기 지문

복습 듣기의 지문을 제공한다.

The Listening Scripts furnish texts of the listening exercises in review units.

모범 답안

각 과의 '어휘, 문법과 표현, 문형 연습'의 문제, 복습의 '어휘와 문법, 듣기, 읽기와 쓰기' 문제에 대한 모범 답안을 제공한다.

Answer Key supplies correct answers for Vocabulary, Grammar and Expression, Pattern Practice in each unit; and Vocabulary and Grammar, Listening, Reading and Writing in review units.

차례 Contents

교재 구성표 Scope and Sequence

단원 Unit	어휘 Vocabulary	문법과 표현 Grammar and Expression	
1과 처음 뵙겠습니다 How do you do?	• 소개 Introduction • 빈도 부사 Adverbs of frequency	• N(이)라고 하다 • V-(으)려고 • V-거나 • N(이)나 1	문형 연습 Pattern Practice
2과 취미가 뭐예요? What is your hobby?	• 취미 Hobbies • 정도 부사 Adverbs of degree	• V-는 것 • V-(으)ㄹ 줄 알다[모르다] • V-(으)ㄴ N • A/V-지 않다	문형 연습 Pattern Practice
3과 콘서트에 가 봤어요? Have you ever been to a concert?	• 경험 Experience • 기간 Period (of time)	• V-아/어 보다 • N 동안 • A-(으)ㄴ데, V-는데, N인데 1 • V-(으)ㄹ N	문형 연습 Pattern Practice
복습 1			
4과 옷이 좀 큰 것 같아요 The clothes seem a little too big	• 의복 Clothing	• A-(으)ㄴ 것 같다, V-는 것 같다, N인 것 같다 • N보다 • A/V-았으면/었으면 좋겠다	문형 연습 Pattern Practice
5과 어디에 가면 좋을까요? Where would be a good place to go?	• 여행 Travel	• A/V-(으)ㄹ까요? • A/V-(으)ㄹ 거예요 • A/V-(으)니까, N(이)니까 • V-고 나서	문형 연습 Pattern Practice

1 처음 뵙겠습니다
How do you do?

어 휘

- 소개
  Introduction
- 빈도 부사
  Adverbs of frequency

문법과 표현

- N(이)라고 하다
- V-(으)려고
- V-거나
- N(이)나 1

문형 연습

어 휘 Vocabulary

연 습 1 [보기]와 같이 빈칸에 알맞은 단어를 쓰세요.

Complete the student information card as shown in the example.

학생 카드

<table>
<tr><td>[보기] 성명</td><td colspan="2">마이클 존스</td><td colspan="2">성별</td><td>☑ 남 ☐ 여</td></tr>
<tr><td>1) ________</td><td colspan="2">1983년 6월 2일</td><td colspan="2">2) ________</td><td>회사원</td></tr>
<tr><td>국적</td><td colspan="2">미국</td><td colspan="2">종교</td><td>없음</td></tr>
<tr><td rowspan="2">3) ________</td><td>4) ______</td><td colspan="4">서울시 관악구 신림동5길 나라오피스텔 808호</td></tr>
<tr><td>전화</td><td colspan="2">010-0880-5488</td><td>이메일</td><td>goodboy@snu.ac.kr</td></tr>
</table>

연 습 2 빈칸에 알맞은 단어를 골라 쓰세요.

Complete each dialogue using the appropriate word from the box.

종교	성함	국적

1) A : ________이/가 어떻게 되세요?

   B : 저는 김민수입니다.

2) A : ________이/가 있으세요?

   B : 네, 저는 교회*에 다녀요.

3) A : 어느 나라에서 오셨습니까? 여기에 ________을/를 써 주세요.

   B : 네, 알겠습니다.

* 교회 church

연 습 3 그림을 보고 알맞은 단어를 골라 쓰세요.

Write the correct word under each picture from the box.

매일	매주	매달	매년

1)

____

2)

____

3)

____

4)

____

연 습 4 빈칸에 알맞은 단어를 골라 쓰세요.

Complete each dialogue using the appropriate word from the box.

항상	자주	가끔

1) A : 저는 매주 일요일에 산에 가요.

B : 산에 ________ 가네요.

2) A : 마이클 씨는 언제나* 웃는 얼굴이에요.

B : 네, ________ 웃는 마이클 씨 얼굴을 보면 저도 기분이 좋아요.

3) A : 요즘도 자주 수영하러 가세요?

B : 아니요, 요즘은 바빠서 ________ 가요.

언제나 always

문법과 표현 Grammar and Expression

1. N(이)라고 하다

연 습 1 [보기]와 같이 문장을 만들어 보세요.
Write sentences as shown in the example.

[보기] 김민수 → <u>저는 김민수라고 합니다.</u>

1) 박은진 → ______________________________.

2) 샤오밍 → ______________________________.

3) 모하메드 알리 → ______________________________.

4) 마이클 스미스 → ______________________________.

5) __________ → ______________________________.

연 습 2 그림을 보고 [보기]와 같이 대화를 만들어 보세요.
Create a dialogue for each picture as shown in the example.

[보기]

A : <u>이분은 마이클 씨입니다.</u>

B : <u>반갑습니다. 저는 김민수라고 합니다.</u>

1)

A : ______________________________

B : ______________________________

2)

A : ______________________________

B : ______________________________

연 습 3

1) [보기]와 같이 맞는 것끼리 연결하세요.

Match each picture with the correct word and definition as shown in the example.

[보기]

	김치	추석에 먹는 떡
① 	한복	한국의 전통 옷
② 	송편	한국 사람들이 매일 먹는 음식
③ 	떡국	설날에 먹는 음식

2) [보기]와 같이 이야기해 보세요.

Practice the dialogues with a partner as shown in the example.

2. V-(으)려고

연 습 1 [보기]와 같이 문장을 만들어 보세요.

Combine two sentences as shown in the example.

[보기] 아침에 공부하다 + 일찍 일어나다

→ 아침에 공부하려고 일찍 일어났어요.

1) 어머니께 드리다 + 꽃을 사다

→ ______________________________.

2) 숙제를 물어보다* + 친구에게 전화를 하다

→ ______________________________.

3) 비행기에서 읽다 + 책을 빌리다*

→ ______________________________.

4) 친구와 같이 먹다 + 고향 음식을 가져오다*

→ ______________________________.

연 습 2 [보기]와 같이 대화를 만들어 보세요.

Answer each question as shown in the example.

[보기] A : 지난 방학에 왜 일본에 갔어요?
B : 일본에 사는 친구를 만나려고 갔어요.

1) A : 남대문시장에 왜 갔어요?
B : ______________________________.

2) A : 케이크를 왜 만들었어요?
B : ______________________________.

3) A : 그 친구를 왜 만났어요?
B : ______________________________.

4) A : 사무실에 왜 전화했어요?
B : ______________________________.

물어보다 to ask 빌리다 to borrow 가져오다 to bring

연 습 3 [보기]와 같이 A와 B에서 하나씩 골라 문장을 만들어 보세요.

Create sentences choosing one phrase from A and one from B as shown in the example.

A
표를 사다
선물을 사다
모르는* 단어를 찾다
노래를 듣다
여권을 만들다
안 늦다
안 잊어버리다*

B
백화점에 가다
라디오를 켜다*
줄을 서다*
수첩*에 쓰다
뛰어가다*
사전을 보다
사진을 찍다

[보기] 선물을 사려고 백화점에 갔어요.

1) ______________________________.

2) ______________________________.

3) ______________________________.

4) ______________________________.

5) ______________________________.

6) ______________________________.

켜다 to turn on 모르다 to do not know 줄을 서다 to stand in line 수첩 schedule book 뛰어가다 to run 잊어버리다 to forget

3. V-거나

연 습 1 그림을 보고 [보기]와 같이 대화를 만들어 보세요.
Look at the pictures and answer each question as shown in the example.

[보기]

A : 주말에 뭘 해요?

B : <u>등산을 하거나 자전거를 타요.</u>

1)

A : 일요일에는 보통 뭘 해요?

B : ______________________________.

2)

A : 친구를 만나면 보통 뭘 해요?

B : ______________________________.

3)

A : 저녁에 시간이 나면* 뭘 해요?

B : ______________________________.

4)

A : 수업이 끝나면 뭘 할 거예요?

B : ______________________________.

5)

A : 가족이 보고 싶으면 어떻게 해요?

B : ______________________________.

시간이 나다 to have time

4. N(이)나 1

연 습 1 그림을 보고 [보기]와 같이 대화를 만들어 보세요.
Look at the pictures and answer each question as shown in the example.

[보기]

A : 방학에 어디에 가고 싶어요?

B : <u>부산이나 경주에 가고 싶어요</u>.

1)

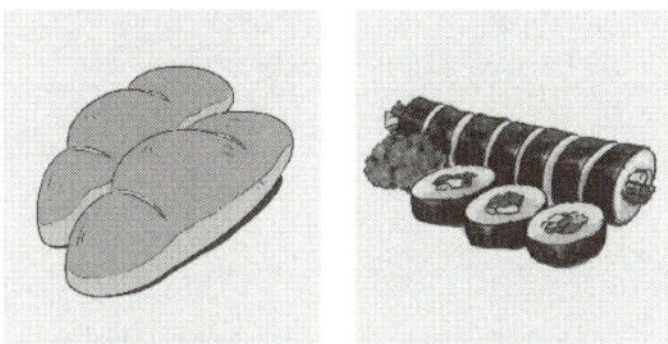

A : 아침에 보통 뭘 먹어요?

B : ______________________________.

2)

A : 학교에 어떻게 가요?

B : ______________________________.

3)

A : 생일에 무슨 선물을 받고 싶어요?

B : ______________________________.

4)

A : 이번 주에 언제 만날 수 있어요?

B : ______________________________.

5)

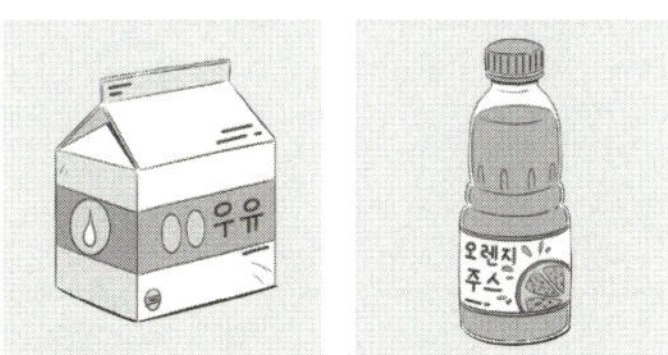

A : 뭘 살까요?

B : ______________________________.

6)

A : 보통 어디에서 숙제를 해요?

B : ______________________________.

문형 연습 Pattern Practice

track 2

연 습 1

[보기] **선생님**(T) 마이클 존스
학 생(S) 저는 마이클 존스라고 합니다.

1. T 최정우
   S ____.
2. T 다나카 마리코
   S ____.
3. T 류 샤오밍
   S ____.
4. T 줄리앙 김
   S ____.

연 습 2

[보기] **선생님**(T) 선생님을 만나다, 사무실에 가다
학 생(S) 선생님을 만나려고 사무실에 갔어요.

1. T 책을 빌리다, 도서관에 가다
   S ____.
2. T 약속을 하다, 전화를 하다
   S ____.
3. T 점심에 먹다, 김밥을 사다
   S ____.
4. T 여권을 만들다, 사진을 찍다
   S ____.

연 습 3

[보기] **선생님**(T) 일요일에 뭐 해요?
학 생(S) (집에서 쉬다, 친구를 만나다) 집에서 쉬거나 친구를 만나요.

1. T 수업이 끝나면 뭘 해요?
   S (운동을 하다, 친구를 만나다) ______________________.
2. T 아침에 뭘 먹어요?
   S (우유를 마시다, 과일을 먹다) ______________________.
3. T 학교에 어떻게 와요?
   S (걸어서 오다, 버스를 타다) ______________________.
4. T 모르는 단어가 있으면 어떻게 해요?
   S (사전을 찾다, 친구에게 물어보다) ______________________.

연 습 4

[보기] **선생님**(T) 뭐 마실까요?
학 생(S) (커피, 녹차) 커피나 녹차 어때요?

1. T 뭐 먹을까요?
   S (불고기, 갈비) ______________________?
2. T 언제 만날까요?
   S (내일, 모레) ______________________?
3. T 무슨 선물을 살까요?
   S (꽃, 과일) ______________________?
4. T 어디로 쇼핑하러 갈까요?
   S (명동, 동대문시장) ______________________?

2 취미가 뭐예요?

What is your hobby?

어 휘
- 취미
  Hobbies
- 정도 부사
  Adverbs of degree

문법과 표현
- V-는 것
- V-(으)ㄹ 줄 알다[모르다]
- V-(으)ㄴ N
- A/V-지 않다

문형 연습

어 휘 Vocabulary

연 습 1 그림을 보고 [보기]와 같이 대화를 만들어 보세요.
Look at the pictures and answer each question as shown in the example.

[보기]

A : 시간이 있으면 뭘 해요?

B : <u>영화를 봐요</u>.

1) 

A : 시간이 나면 뭘 해요?

B : ______________________________.

2) 

A : 시간이 있으면 뭘 해요?

B : ______________________________.

3) 

A : 주말에 보통 뭘 해요?

B : ______________________________.

4) 

A : 시간이 나면 뭘 해요?

B : ______________________________.

5) 

A : 집에 있으면 보통 뭘 해요?

B : ______________________________.

6) 

A : 일요일에 보통 뭘 해요?

B : ______________________________.

연 습 2 맞는 것끼리 연결하세요.

Match each picture with the correct word.

1)  • • ① 영화 감상

2)  • • ② 음악 감상

3)  • • ③ 낚시

4)  • • ④ 등산

5)  • • ⑤ 독서

연 습 3 빈칸에 알맞은 단어를 골라 쓰세요.

Complete each dialogue using the appropriate word from the box.

아주	별로	전혀

1) A : 피아노 칠 수 있어요?

B : 아니요, ________ 못 쳐요.

2) A : 집이 어디예요? 학교에서 멀어요?

B : 아니요, ________ 안 멀어요. 버스로 10분 걸려요.

3) A : 줄리앙 씨, 태권도 할 수 있어요?

B : 네, 3년 전부터 배워서 ________ 잘해요.

문법과 표현 Grammar and Expression

1. V-는 것

연 습 1 [보기]와 같이 문장을 만들어 보세요.
Combine two sentences as shown in the example.

[보기] 한국어를 배우다 + 재미있다
→ 한국어를 배우는 것이 재미있어요.

1) 요리하다 + 즐겁다
→ ______________________.

2) 단어를 외우다* + 어렵다
→ ______________________.

3) 고향 음식을 못 먹다 + 힘들다*
→ ______________________.

4) 혼자 살다 + 편하다
→ ______________________.

연 습 2 그림을 보고 [보기]와 같이 대화를 만들어 보세요.
Look at the pictures and complete each dialogue as shown in the example.

[보기]

A : 등산하는 것을 좋아하세요?
B : 아니요, 바다에 가는 것을 좋아해요.

1)

A : 요리하는 것을 좋아하세요?
B : 아니요, ______________________.

2)

A : 여행하는 것을 좋아하세요?
B : 아니요, ______________________.

외우다 to memorize　힘들다 to be hard

3) 

A : ______________________________?

B : ______________________________.

4) 

A : ______________________________?

B : ______________________________.

5) 

A : ______________________________?

B : ______________________________.

연 습 3 그림을 보고 [보기]와 같이 대화를 만들어 보세요.

Look at the pictures and complete each dialogue as shown in the example.

[보기]

A : 운동장에서 뭐 했어요?

B : 친구들이 축구하는 것을 구경했어요.

1) 

A : 지금 뭐 하고 있어요?

B : 사람들이 ______________________ 보고 있어요.

2) 

A : 켈리 씨는 그림을 잘 그려요?

B : 네, 전에 켈리 씨가 ______________________ 봤어요.

3) 

A : 히엔 씨는 남자 친구가 있어요?

B : 네, 남자 친구하고 ______________________ 자주 봤어요.

4) 

A : 지금 민수 씨는 어디에 있어요?

B : 조금 전에 도서관에서 ______________________ 봤어요.

2. V-(으)ㄹ 줄 알다[모르다]

연 습 1 그림을 보고 [보기]와 같이 대화를 만들어 보세요.

Look at the pictures and complete each dialogue as shown in the example.

[보기]

A : 수영할 줄 알아요?

B : 네, 할 줄 알지만 별로 잘 못해요.

1)

A : ______________________________?

B : 네, 잘 쳐요.

2)

A : ______________________________?

B : 네, 잘 타요.

3)

A : ______________________________?

B : 아니요, 못해요.

4)

A : ______________________________?

B : 네, 칠 줄 알지만 잘 못 쳐요.

5)

A : ______________________________?

B : 아니요, 전혀 못 만들어요.

연 습 2 [보기]와 같이 이야기해 보세요.

Interview your classmates as shown in the example.

	나	스티븐	다나카
[보기] 태권도를 하다	X	○	△

아주 잘해요 : ○ 별로 잘 못해요 : △ 전혀 못 해요 : X

이름 / 질문	나	________	________
1) 태권도를 하다			
2) 자전거를 타다			
3) 스페인어를 하다			
4) 탁구를 치다			
5) 낚시를 하다			
6) 한자*를 읽다			
7)			

선수 player; athlete 한자 Chinese character

3. V-(으)ㄴ N

연 습 1 [보기]와 같이 빈칸에 알맞은 말로 고쳐 쓰세요.
Complete each sentence with the correct form of the verbs as shown in the example.

> [보기] 어제 아키라 씨하고 __간__ 식당이 저 식당이에요. (가다)

1) 주말에 ________ 영화가 아주 재미있었어요. (보다)

2) 아침에 ________ 빵이 참 맛있었어요. (먹다)

3) 이 사진은 지난주에 여행 가서 ________ 사진이에요. (찍다)

4) 아까 ________ 음악은 내가 좋아하는 음악이에요. (듣다)

5) 이 케이크는 오늘 아침에 ________ 거예요. (만들다)

연 습 2 [보기]와 같이 문장을 만들어 보세요.
Combine two sentences as shown in the example.

> [보기] 어제 친구를 만났어요. + 그 친구는 은행에서 일하고 있어요.
> → <u>어제 만난 친구는 은행에서 일하고 있어요</u>.

1) 지난번에 식당에 갔어요. + 그 식당이 참 좋았어요.

→ ____.

2) 친구가 차를 마셨어요. + 그 차는 녹차예요.

→ ____.

3) 어제 책을 읽었어요. + 그 책이 너무 슬펐어요.

→ ____.

4) 어제 지갑을 샀어요. + 그 지갑을 오늘 잃어버렸어요*.

→ ____.

잃어버리다 to lose

연 습 3 [보기]와 같이 친구들을 인터뷰한 후 해당하는 사람을 찾아 문장을 만들어 보세요.

Interview your classmates and make sentences as shown in the example.

[보기] A : 오늘 아침에 커피를 마셨어요?
B : 네, 마셨어요.

질문	이름
[보기] 오늘 아침에 커피를 마시다	마리코, 히엔
1) 지난주에 명동에 가다	
2) 오늘 학교에 지하철을 타고 오다	
3) 지난 주말에 쇼핑을 하다	
4) 오늘 숙제를 안 내다	
5) 오늘 아침을 안 먹다	
6) 어제 집에서 음식을 만들다	
7)	

[보기] 오늘 아침에 커피를 마신 사람은 마리코 씨와 히엔 씨예요.

1) ______________________________.

2) ______________________________.

3) ______________________________.

4) ______________________________.

5) ______________________________.

6) ______________________________.

7) ______________________________.

4. A/V-지 않다

연 습 1 [보기]와 같이 문장을 쓰세요.
Rewrite the sentences as shown in the example.

[보기] 오늘은 학교에 안 가요. → 오늘은 학교에 가지 않아요.

1) 제 방은 안 커요. → ______________________.
2) 사람들이 별로 안 많아요. → ______________________.
3) 아키라 씨는 요즘 안 바빠요. → ______________________.
4) 그 책은 안 어려워요. → ______________________.
5) 저는 공부하면서 음악을 안 들어요. → ______________________.
6) 저는 매운 음식을 안 좋아해요. → ______________________.
7) 어제는 커피를 안 마셨어요. → ______________________.
8) 내일부터 학교에 안 늦을 거예요. → ______________________.

연 습 2 [보기]와 같이 대화를 만들어 보세요.
Complete the dialogues as shown in the example.

[보기] A : 어제 학교에 갔어요?
B : 아니요, 아파서 가지 못했어요.

1) A : 점심 먹었어요?
B : 아니요, 시간이 없어서 ______________________.

2) A : 오늘 배운 문법 다 이해했어요*?
B : 아니요, 어려워서 ______________________.

3) A : 선생님 만났어요?
B : 아니요, 선생님이 안 계셔서 ______________________.

4) A : 조금 전에 샤오밍 씨가 하는 말 들었어요?
B : 아니요, 음악이 너무 시끄러워서* ______________________.

이해하다 to understand 시끄럽다 to be loud

연 습 3 그림을 보고 [보기]와 같이 대화를 만들어 보세요.

Look at the pictures and complete each dialogue as shown in the example.

[보기]

A : 김치가 많이 매워요?

B : 아니요, 별로 맵지 않아요.

1) 

A : 지하철에 사람이 많아요?

B : ________________________________.

2) 

A : 지금 배고파요?

B : ________________________________.

3) 

A : 요즘 날씨가 추워요?

B : ________________________________.

4) 

A : 어제 시험은 어려웠어요?

B : ________________________________.

5) 

A : 어제 공부 많이 했어요?

B : ________________________________.

6) 

A : ________________________________?

B : ________________________________.

문형 연습 Pattern Practice

track 3

연 습 1

[보기] 선생님(T) 수영 자주 하세요?
학 생(S) 네, 저는 수영하는 것을 좋아해요.

1. T 등산 자주 하세요?
   S ____.
2. T 영화 자주 보세요?
   S ____.
3. T 여행 자주 하세요?
   S ____.
4. T 음악 자주 들으세요?
   S ____.

연 습 2

[보기] 선생님(T) 운전을 하다
학 생(S) 운전을 할 줄 알지만 잘 못해요.

1. T 스키를 타다
   S ____.
2. T 피아노를 치다
   S ____.
3. T 스페인어를 하다
   S ____.
4. T 한국 음식을 만들다
   S ____.

연습 3

[보기] **선생님**(T) 주말에 보다, 영화
학 생(S) 주말에 본 영화 어땠어요?

1. T 어제 다녀오다, 콘서트

   S ______________________________?

2. T 정우가 소개해 주다, 친구

   S ______________________________?

3. T 어제 읽다, 책

   S ______________________________?

4. T 아침에 듣다, 수업

   S ______________________________?

연습 4

[보기] **선생님**(T) 한국어가 어려워요?
학 생(S) 아니요, 어렵지 않아요.

1. T 김치가 매워요?

   S ______________________________.

2. T 옷이 커요?

   S ______________________________.

3. T 오늘 친구를 만나요?

   S ______________________________.

4. T 어제 학교에 갔어요?

   S ______________________________.

3 콘서트에 가 봤어요?

Have you ever been to a concert?

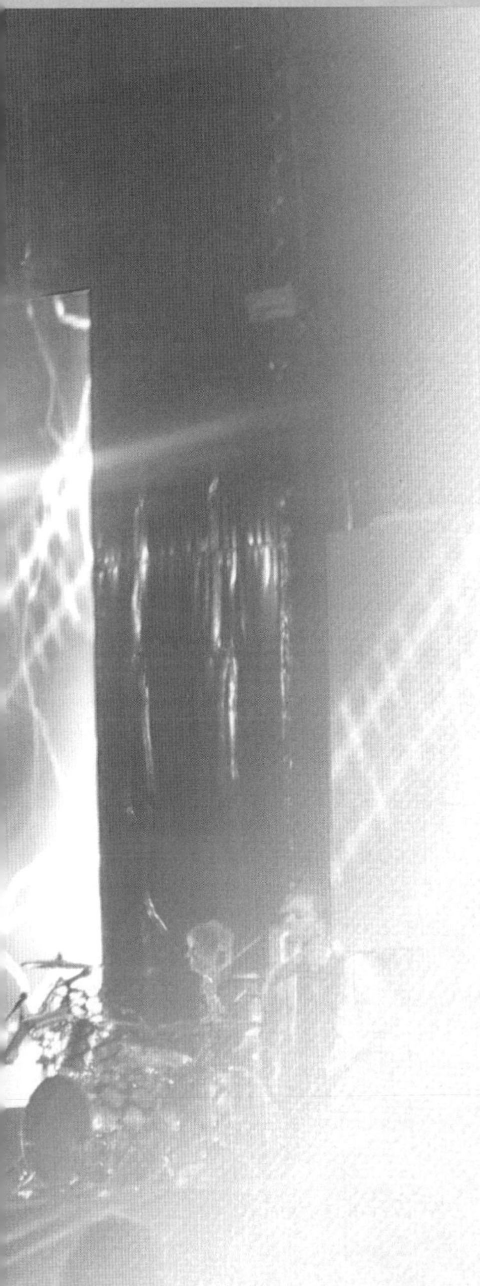

어 휘

- 경험
  Experience
- 기간
  Period (of time)

문법과 표현

- V–아/어 보다
- N 동안
- A–(으)ㄴ데, V–는데, N인데 1
- V–(으)ㄹ N

문형 연습

어 휘 Vocabulary

연 습 1 맞는 것끼리 연결하세요.
Match each picture with the correct sentence.

1) 

2) 

3) 

4) 

5) 

6) 

- ① 연극을 봤어요
- ② 불꽃놀이를 봤어요
- ③ 콘서트에 갔어요
- ④ 전시회에 갔어요
- ⑤ 배낭여행을 했어요
- ⑥ 아르바이트를 했어요

연 습 2 빈칸에 알맞는 단어를 골라 쓰세요.

Complete each dialogue using the appropriate word from the box.

미술관	박물관	공연장	놀이공원

1) A : 저는 옛날* 물건 구경하는 것을 좋아해요.

   B : 그럼 용산*에 있는 ___________에 한번 가 보세요.

2) A : 어제 콘서트 잘 봤어요?

   B : 네. 그런데 ___________에 사람이 너무 많아서 아주 복잡했어요.

3) A : 주말에 뭐 할 거예요?

   B : 인사동에 있는 ___________에 가서 그림을 구경할 거예요.

4) A : 내일 뭐 할 거예요?

   B : 친구들과 ___________에 갈 거예요. 저는 놀이기구* 타는 것을 아주 좋아해요.

연 습 3 [보기]와 같이 빈칸에 알맞은 단어를 쓰세요.

Write the numbers in Korean as shown in the example.

[보기] 4달 → 네 달

1) 3시간 → _____ 시간　　2) 8일 → _____ 일

3) 2주일 → _____ 주일　　4) 1달 → _____ 달

5) 6개월 → _____ 개월　　6) 10년 → _____ 년

옛날 old times　용산 a place in Seoul　놀이기구 ride

문법과 표현 Grammar and Expression

1. V-아/어 보다

연 습 1 그림을 보고 [보기]와 같이 대화를 만들어 보세요.
Look at the pictures and answer each question as shown in the example.

[보기]

A : 인도에 가 봤어요?

B : 아니요, <u>아직 못 가 봤어요</u>.

1)

A : 경주에 가 봤어요?

B : 네, ______________________.

2)

A : 한강에서 배를 타 봤어요?

B : 아니요, ______________________.

3)

A : 생선회*를 먹어 봤어요?

B : 네, ______________________.

4)

A : 사물놀이를 해 봤어요?

B : 아니요, ______________________.

5)

A : 아르바이트를 해 봤어요?

B : 네, ______________________.

6) ?

A : ______________________?

B : ______________________.

생선회 raw fish

연 습 2 주사위를 던져서 나온 숫자만큼 가세요. 그리고 도착한 곳에서 [보기]와 같이 이야기해 보세요.

Let's roll the dice, wherever you land, let's talk about it as shown in the example.

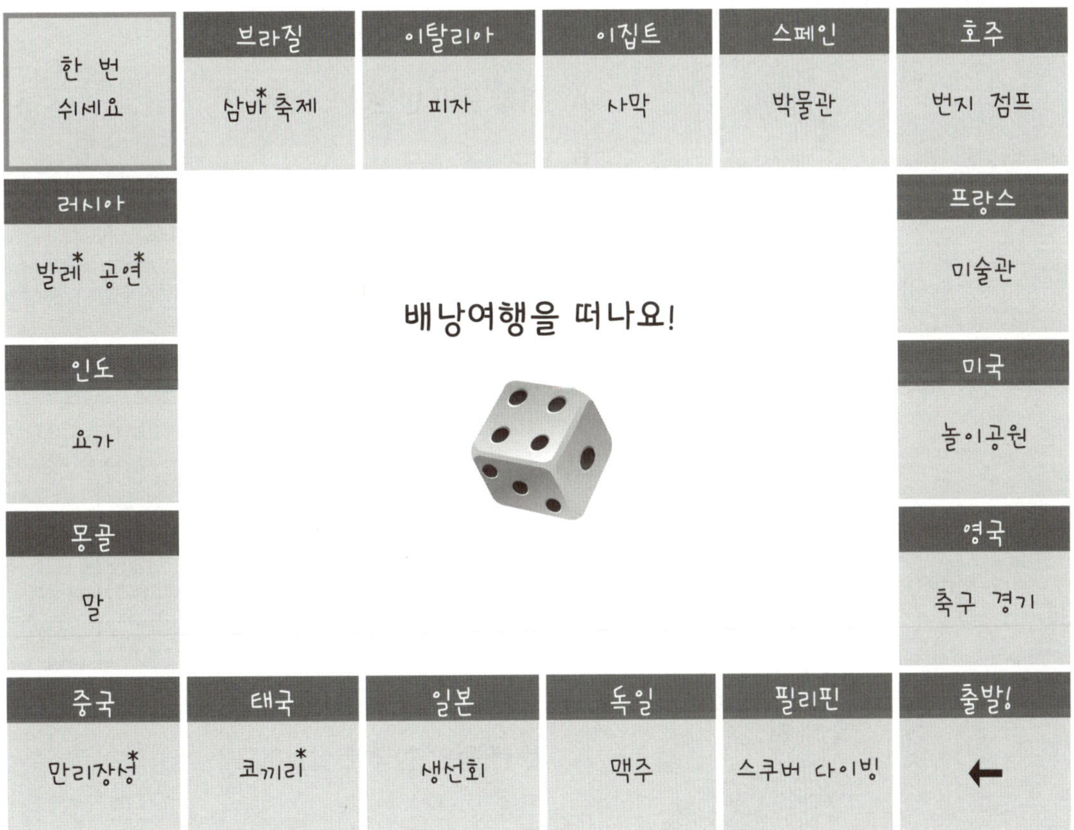

삼바 samba 발레 ballet 공연 performance 만리장성 the Great Wall of China 코끼리 elephant

2. N 동안

연 습 1 그림을 보고 [보기]와 같이 대화를 만들어 보세요.
Look at the pictures and answer each question as shown in the example.

[보기]

3월 ~ 5월 / 3달

A : 얼마 동안 태권도를 배웠어요?
B : <u>삼월부터 오월까지 세 달 동안 배웠어요</u>.

1)

1시 ~ 2시 / 1시간

A : 몇 시간 동안 이야기했어요?
B : ______________________________.

2)

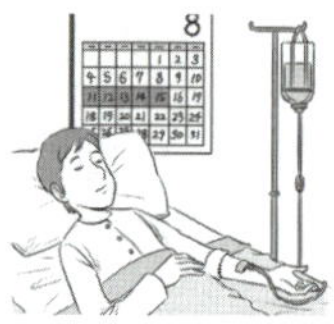

11일 ~ 15일 / 5일

A : 며칠* 동안 병원에 있었어요?
B : ______________________________.

3)

1일 ~ 21일 / 3주

A : 몇 주 동안 배낭여행을 했어요?
B : ______________________________.

4)

8월 ~ 11월 / 4달

A : 몇 달 동안 아르바이트를 했어요?
B : ______________________________.

5)

2010년 ~ 2012년 / 2년

A : 몇 년 동안 한국에 살았어요?
B : ______________________________.

6)

A : 얼마 동안 한국어를 배웠어요?
B : ______________________________.

---

* 며칠 how many days

3. A-(으)ㄴ데, V-는데, N인데 1

연습 1 빈칸에 알맞게 쓰세요.
Complete the table as shown in the example.

크다	큰데	가다	가는데
작다		먹다	
따뜻하다		공부하다	
춥다		걷다	
맛있다		살다	
재미없다		만들다	
좋았다		만났다	
예뻤다		배웠다	

연습 2 [보기]와 같이 문장을 만들어 보세요.
Combine two sentences as shown in the example.

[보기] 요즘 한국어를 배우다 + 재미있다
→ 요즘 한국어를 배우는데 재미있어요.

1) 학교에 가다 + 친구를 만났다
→ ______________________.

2) 밥을 먹다 + 전화가 왔다
→ ______________________.

3) 날씨가 춥다 + 따뜻한 옷이 없다
→ ______________________.

4) 주말에 영화를 봤다 + 무서웠다
→ ______________________.

5) 이 사람은 내 친구이다 + 노래를 잘하다
→ ______________________.

6) 여기는 학생 식당이다 + 싸고 맛있다
→ ______________________.

연 습 3 [보기]와 같이 빈칸에 알맞은 말로 고쳐 쓰세요.

Complete each sentence with the correct form of the word in parentheses.

[보기] 배가 <u>아픈데</u> 약 있어요? (아프다)

1) 이 문제가 ____________________ 좀 도와주세요. (어렵다)

2) 사전이 ____________________ 좀 빌려주세요*. (없다)

3) 잘 안 ____________________ 좀 크게 써* 주세요. (보이다)

4) 선생님 전화번호를 ____________________ 좀 가르쳐 주세요. (모르다)

5) 아침에 지하철을 ____________________ 사람이 정말 많았어요. (탔다)

6) 싸고 예쁜 옷을 ____________________ 어디에 가면 좋아요? (사고 싶다)

연 습 4 그림을 보고 [보기]와 같이 문장을 만들어 보세요.

Look at the pictures and complete each sentence as shown in the example.

[보기]

김치

이것은 <u>김치인데 한국 사람들이 매일 먹는 음식이에요</u>.

1)

내 카메라

이것은 ____.

2)

내 동생

이 사람은 ____.

3)

우리 학교

여기는 ____.

빌려주다 to lend 크게 쓰다 to write big

연 습 5 [보기]와 같이 알맞는 것을 골라 한 문장으로 만들어 보세요.

Combine two sentences using the appropriate grammar form in the box as shown in the example.

–(으)ㄴ데/는데	–아서/어서

[보기] 어제 시장에 갔어요. 사람이 많았어요.
→ 어제 시장에 갔는데 사람이 많았어요.

1) 어제 뮤지컬을 봤어요. 아주 재미있었어요.

→ ______________________.

2) 이 음식이 맛있어요. 한번 드셔 보세요.

→ ______________________.

3) 영화가 너무 재미없었어요. 잤어요.

→ ______________________.

4) 태권도를 배우고 싶어요. 어디에서 배울 수 있어요?

→ ______________________?

5) 친구가 학교에 안 왔어요. 친구 집에 전화를 해 봤어요.

→ ______________________.

6) 다음 주에 친구하고 여행을 가려고 해요. 어디가 좋아요?

→ ______________________?

7) 날씨가 더워요. 아이스크림을 먹을까요?

→ ______________________?

8) 내일 시험이 있어요. 공부해야 돼요.

→ ______________________.

9) 올해부터 대학원* 공부를 시작했어요. 좀 어려워요.

→ ______________________.

10) 감기에 걸렸어요. 병원에 갔어요.

→ ______________________.

대학원 graduate school

4. V-(으)ㄹ N

연 습 1 [보기]와 같이 빈칸에 알맞은 말로 고쳐 쓰세요.

Complete each sentence with the correct form of the verb.

[보기] 오늘 오후에 __할__ 일이 많아요. (하다)

1) 어제 가족에게 ________ 선물을 샀어요. (주다)

2) ________ 물을 사러 가게에 가야 돼요. (마시다)

3) 내일 아침에 ________ 음식이 없어요. (먹다)

4) 버스에 사람이 많아서 ________ 자리*가 없어요. (앉다)

5) 요즘 너무 바빠서 친구들과 ________ 시간이 없어요. (놀다)

연 습 2 [보기]와 같이 대화를 만들어 보세요.

Complete each dialogue as shown in the example.

[보기] A : 내일 시간 있어요?

B : 아니요, 내일은 __할__ 일이 많아서 시간이 없어요.

1) A : 뭘 샀어요?

B : 내일 등산하면서 ______________ 음료수를 샀어요.

2) A : 이 영화 봤어요?

B : 아니요, 요즘 바빠서 영화 ______________ 시간이 없어요.

3) A : 어디 가세요?

B : 내일 아침에 ______________ 빵이 없어서 사러 가요.

4) A : 뭐 하고 있어요?

B : 저녁에 모임이 있어서 ______________ 옷을 고르고* 있어요.

자리 seat 고르다 to choose

연습 3 아래 표를 보고 [보기]와 같이 빈칸에 알맞은 말을 쓰세요.

Look at the schedule and complete the following story as shown in the example.

다음 주 계획

11(월)	유진과 저녁 식사(닭갈비)
12(화)	코엑스에서 마리코랑 쇼핑
13(수)	수영
14(목)	동호회 모임
15(금)	유진이랑 명동에서 약속
16(토)	친구들이랑 사물놀이 구경
17(일)	경주 여행

저는 다음 주에 약속이 많습니다. 월요일에 저녁 약속이 있습니다. 월요일에 [보기] (만날) 친구는 유진 씨입니다. 화요일에는 마리코 씨를 만나서 쇼핑을 1) (   ) 계획입니다. 수요일에는 수영을 하러 가고 목요일에는 동호회 모임이 있습니다. 금요일에는 명동에 가고 토요일에는 친구들과 공연을 보러 갑니다. 친구들과 같이 2) (   ) 공연은 사물놀이입니다. 일요일에는 여행을 가는데 이번에 3) (   ) 곳은 경주입니다.

연습 4 [보기]와 같이 알맞은 것을 고르세요.

Circle the correct form as shown in the example.

[보기] 제가 다음 주에 (만난, 만날) 사람은 스티븐 씨예요.

1) 어제 (본, 볼) 영화 어땠어요?

2) 내일 같이 놀러 (간, 갈) 시간 있어요?

3) 시장에 가서 일주일 동안 (먹은, 먹을) 음식을 사야 해요.

4) 지난주에 (산, 살) 가방을 잃어버렸어요.

5) 지난번에 (빌려준, 빌려줄) 책 다 읽었어요?

문형 연습 Pattern Practice

track 4

연 습 1

[보기] 선생님(T) 삼계탕을 먹어 봤어요?
학 생(S) (네) 네, 먹어 봤어요.
(아니요) 아니요, 못 먹어 봤어요.

1. T 불고기를 만들어 봤어요?
   S (네) ____________________.
2. T 부산에 가 봤어요?
   S (아니요) ____________________.
3. T 한국 음악을 들어 봤어요?
   S (네) ____________________.
4. T 한복을 입어 봤어요?
   S (아니요) ____________________.

연 습 2

[보기] 선생님(T) 날씨가 좋다, 산책하다
학 생(S) 날씨가 좋은데 산책할까요?

1. T 피곤하다, 좀 쉬다
   S ____________________?
2. T 날씨가 덥다, 냉면을 먹다
   S ____________________?
3. T 시간이 없다, 택시를 타다
   S ____________________?
4. T 내일이 휴일이다, 등산하러 가다
   S ____________________?

연 습 3

[보기] **선생님**(T) 어제 명동에 갔어요. 사람이 아주 많았어요.
학　생(S) 어제 명동에 갔는데 사람이 아주 많았어요.

1. T 토요일에 산에 갔어요. 비가 왔어요.

   S ____.

2. T 점심에 피자를 먹었어요. 맛있었어요.

   S ____.

3. T 어제 영화를 봤어요. 재미있었어요.

   S ____.

4. T 주말에 이 책을 읽었어요. 좀 어려웠어요.

   S ____.

연 습 4

[보기] **선생님**(T) 마시다, 물, 없다
학　생(S) 마실 물이 없어요.

1. T 먹다, 음식, 없다

   S ____.

2. T 읽다, 책, 많다

   S ____.

3. T 하다, 일, 있다

   S ____.

4. T 입다, 옷, 없다

   S ____.

복습 1

어휘와 문법 Vocabulary and Grammar

1. 정리하기

어휘

1과	성명 성별 생년월일 직업 국적 종교 연락처 주소 전화 이메일	매일 매주 매달 매년 항상 자주 가끔
2과	사진을 찍다 음악을 듣다 춤을 추다 그림을 그리다 인형을 모으다 인터넷을 하다 영화 감상 음악 감상 등산 독서 여행 요리 낚시 운동 컴퓨터 게임	아주 별로 전혀
3과	콘서트 음악회 연극 뮤지컬 전시회 축제 불꽃놀이 사물놀이 배낭여행 아르바이트 번지 점프 스쿠버 다이빙	박물관 미술관 공연장 놀이공원 시간 달 분 일 주[주일] 개월 년

문법

1과	N(이)라고 하다	안녕하세요? 저는 마리코**라고 합니다**.
	V-(으)려고	저는 운동하**려고** 아침에 일찍 일어나요.
	V-거나	주말에는 집에서 쉬**거나** 친구를 만나요.
	N(이)나	부산**이나** 제주도에 가 보고 싶어요.
2과	V-는 것	운동하**는 것**을 좋아하세요?
	V-(으)ㄹ 줄 알다[모르다]	저는 수영을 전혀 **할 줄 몰라요**.
	V-(으)ㄴ N	어제 **본** 영화 어땠어요?
	A/V-지 않다	저는 고기를 별로 좋아하**지 않아요**.
3과	V-아/어 보다	작년에 제주도에 **가 봤어요**.
	N 동안	여름에 한 달 **동안** 유럽 여행을 했어요.
	A-(으)ㄴ데 V-는데 N인데	날씨가 좋**은데** 어디에 가면 좋을까요? 학교에서 음악회를 하**는데** 같이 보러 가요. 내일 휴일**인데** 뭐 할 거예요?
	V-(으)ㄹ N	친구에게 **줄** 선물을 사러 가요.

2. 확인하기

알아보기 밑줄 친 부분을 맞게 고쳐 보세요.

저녁에 같이 밥 <u>먹으려고</u> 갑시다.

→

이번 주말에 <u>읽으러</u> 책을 샀어요.

→

연습 맞는 문장에는 O, 틀린 문장에는 X 하세요. 틀린 문장은 틀린 곳을 찾아 바르게 고쳐 보세요.

1. 친구에게 주러 꽃을 샀어요. (　　)

→ ______________________________

2. 어제 도서관에 공부하러 갔어요. (　　)

→ ______________________________

3. 수업 후에 같이 놀려고 갈까요? (　　)

→ ______________________________

4. 한국어를 배우려고 언어교육원에 다녀요. (　　)

→ ______________________________

5. A : 어떻게 오셨어요? (　　)
   B : 김 선생님을 만나러 왔습니다.

→ ______________________________

3. 평가하기

제한 시간 20분 | 내 점수 : / 20

[1-2] 밑줄 친 것과 의미가 같은 것을 고르세요.

1. A : 이번 주말에 모임이 있는데 꼭 나오세요.
   B : 어디에서 모여요?

   ① 만나요 ② 모아요 ③ 다녀요 ④ 나가요

2. A : 시간이 나면 뭘 해요?
   B : 음악을 듣거나 영화를 봐요.

   ① 길면 ② 좋으면 ③ 나오면 ④ 있으면

[3-4] 밑줄 친 것과 의미가 반대되는 것을 고르세요.

3. A : 영화 자주 보세요?
   B : 아니요, ( ) 봐요.

   ① 가끔 ② 보통 ③ 항상 ④ 많이

4. A : 꽃이 참 예쁘네요. 누가 줬어요?
   B : 민수 씨한테서 ( ). 오늘 제 생일이에요.

   ① 샀어요 ② 받았어요 ③ 들었어요 ④ 만났어요

[5–10] (　　　)에 알맞은 것을 고르세요.

5. A : (　　　　　　)이 어떻게 되세요?
B : 박민영이라고 합니다.

① 국적　② 성별　③ 성함　④ 이메일

6. A : (　　　　　　)이 뭐예요?
B : 저는 대학에서 역사를 가르치고 있어요.

① 계획　② 성명　③ 직업　④ 모임

7. A : 한국에 오래 살았어요?
B : 열 (　　　　　　) 동안 한국에 살았어요.

① 년　② 달　③ 개월　④ 주일

8. A : 취미가 뭐예요?
B : 저는 배낭여행(　　　　　　) 것을 좋아해요.

① 하는　② 타는　③ 보는　④ 먹는

9. A : 음악 (　　　　　　) 것을 좋아하세요?
B : 네, 한국 노래를 좋아해요.

① 찍는　② 추는　③ 듣는　④ 보는

10. A : 태권도를 (　　　　　　) 동안 배웠어요?
B : 1년쯤 배웠어요.

① 얼마　② 어떤　③ 무슨　④ 얼마나

[11–12] 틀린 문장을 고르세요.

11. ① 제 취미는 독서예요.
② 작년에 제주도에 가 봐요.
③ 그냥 마리코라고 부르세요.
④ 부산에 가려고 기차표를 샀어요.

12. ① 날씨가 좋아서 산에 갈까요?
② 저는 운동을 별로 좋아하지 않아요.
③ 잘 못 들었는데 다시 말씀해 주세요.
④ 저는 쇼핑하러 명동이나 동대문에 가요.

[13-14] (　　)에 알맞은 것을 고르세요.

13. A : 샤오밍 씨 운전할 수 있어요?
B : 네, (　　　　　　).

① 운전하려고 해요
② 운전하지 않아요
③ 운전하러 왔어요
④ 운전할 줄 알아요

14. A : 사전을 안 가져왔는데 좀 (　　　　　　)?
B : 네, 여기 있어요.

① 빌려줄까요
② 빌려주면 좋아요
③ 빌려주고 싶어요
④ 빌려줄 수 있어요

[15-16] (　　)에 알맞은 것을 고르세요.

15. A : 쉬는 시간에 뭐 해요?
B : 화장실에 (　　　　　　) 친구와 이야기해요.

① 가는데
② 가지만
③ 가거나
④ 가려고

16. A : 어제 뭐 했어요?
B : 친구랑 영화를 (　　　　　　) 재미있었어요.

① 보고
② 보거나
③ 봤지만
④ 봤는데

[17-18] 다음을 읽고 질문에 답하세요.

A : 지연 씨, 이거 언제 (㉠) 사진이에요?
B : 지난 주말에 놀이공원에 가서 찍었어요.
A : 재미있었어요?
B : 네, 아주 재미있었어요. 그런데 마리코 씨는 주말에 (㉡) 뭐 해요?
A : 저는 쇼핑을 자주 해요.

17. ㉠에 알맞은 것을 고르세요.

① 찍을 ② 찍는 ③ 찍은 ④ 찍는데

18. ㉡에 알맞은 것을 고르세요.

① 매일 ② 보통 ③ 별로 ④ 전혀

[19-20] 다음을 읽고 질문에 답하세요.

저는 얼마 전에 그림 (㉠)에 가입했습니다. 우리는 매주 토요일에 만나서 같이 그림을 그리러 나갑니다. 경치가 아름다운 곳에 가서 그림을 그리면 기분이 좋습니다. 혼자 (㉡)도 좋지만 모임에 가면 취미가 같은 사람들을 만날 수 있어서 좋습니다.

19. ㉠에 알맞은 것을 고르세요.

① 축제 ② 교회 ③ 동호회 ④ 전시회

20. ㉡에 알맞은 것을 고르세요.

① 그릴 것 ② 그릴 줄 ③ 그린 것 ④ 그리는 것

듣기 Listening

track 5 내 점수 : / 15

[1-2] 잘 듣고 알맞은 그림을 고르세요.

1. ①

②

③

④

2. ①

②

③

④

[3–7] 잘 듣고 맞는 대화를 고르세요.

3. ① ② ③ ④

4. ① ② ③ ④

5. ① ② ③ ④

6. ① ② ③ ④

7. ① ② ③ ④

[8–9] 다음은 무엇에 대해 말하고 있습니까?

8. ① 직업 ② 국적 ③ 취미 ④ 전통

9. ① 경험 ② 운동 ③ 쇼핑 ④ 계절

[10–11] 잘 듣고 대화 내용과 같은 것을 고르세요.

10. ① 여자는 부산에 한 번 가 봤습니다.
② 남자는 방학에 고향에 다녀왔습니다.
③ 두 사람은 다음 방학에 부산에 갈 것입니다.
④ 두 사람은 방학에 한 일을 이야기하고 있습니다.

11. ① 남자는 매운 음식을 좋아합니다.
② 두 사람은 지금 식당에 있습니다.
③ 남자는 삼계탕을 안 먹어 봤습니다.
④ 여자는 점심에 요리를 하려고 합니다.

[12-13] 잘 듣고 질문에 맞는 답을 고르세요.

12. 여자는 왜 전화를 했습니까?
① 물건을 찾으려고
② 친구를 소개해 주려고
③ 한국어 공부를 도와주려고
④ 친구와 점심 약속을 하려고

13. 들은 내용과 같은 것을 고르세요.
① 여자는 프랑스 사람입니다.
② 여자는 한국어를 배웁니다.
③ 두 사람은 같은 반 친구입니다.
④ 두 사람은 내일 만나려고 합니다.

[14-15] 잘 듣고 질문에 맞는 답을 고르세요.

14. 들은 내용과 같은 것을 고르세요.
① 남자의 취미는 사진 찍는 것입니다.
② 여자는 사진 동호회에 가입했습니다.
③ 여자는 카메라가 없어서 사려고 합니다.
④ 두 사람은 지금 남대문시장에 있습니다.

15. 두 사람은 수업이 끝나고 무엇을 할 것입니까?
① 집에 갈 것입니다.
② 점심을 먹을 것입니다.
③ 경복궁으로 갈 것입니다.
④ 동호회 모임을 할 것입니다.

읽기와 쓰기 Reading and Writing

제한 시간 20분 | 내 점수 : / 16

[1–2] 다음을 읽고 가장 관계있는 것을 고르세요.

1. 미술관

① 
② 
③ 
④ 

2. 주말에는 학생 식당 문을 열지 않습니다.

① 학생 식당은 평일에만 이용할 수 있습니다.
② 일요일에 여기에서 음식을 만들 수 있습니다.
③ 토요일에 학생 식당에서 식사를 할 수 있습니다.
④ 월요일부터 금요일까지 식당 문을 일찍 닫습니다.

[3–4] 다음을 읽고 맞지 <u>않는</u> 것을 고르세요.

3.

① 이 공연은 5일 동안 할 것입니다.
② 평일에는 두 번 공연이 있습니다.
③ 전화로 공연 예약을 할 수 있습니다.
④ 이 공연에서는 노래를 들을 수 있습니다.

4.

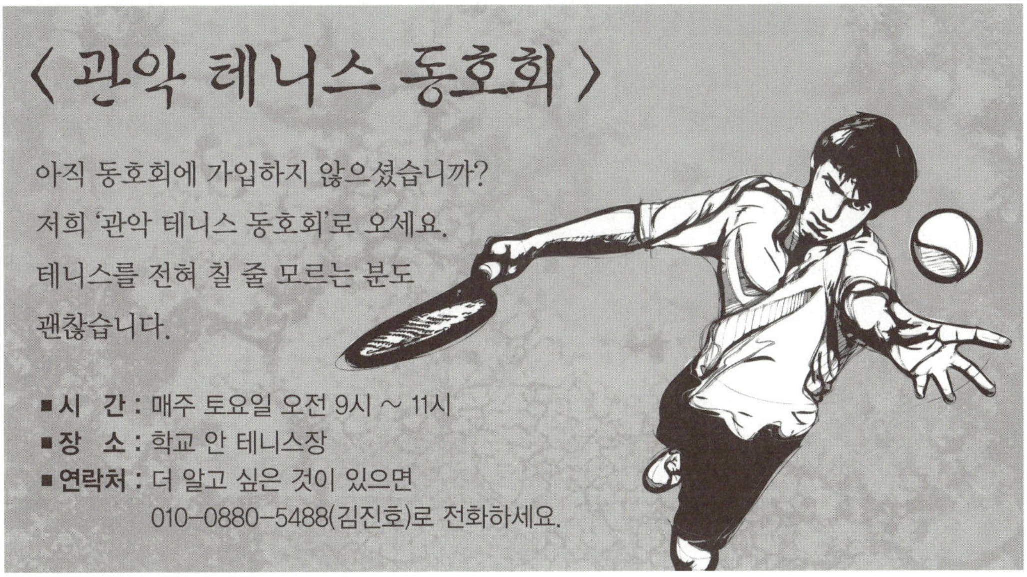

① 이 동호회는 학교에서 모입니다.
② 일주일에 한 번 모임이 있습니다.
③ 이 동호회에 대해 전화로 물어볼 수 있습니다.
④ 테니스를 처음 배우는 사람은 가입할 수 없습니다.

[5-6] 다음을 읽고 글의 내용과 같은 것을 고르세요.

5.

저는 일본에서 온 마리라고 합니다. 한국 드라마 보는 것을 좋아해서 한국어를 배웁니다. 드라마에서 제가 아는 말을 들으면 기분이 아주 좋습니다. 그리고 드라마를 보면 한국 문화를 더 잘 알 수 있어서 좋습니다.

① 이 사람은 지금 일본에 있습니다.
② 이 사람은 지금 한국말을 전혀 못 합니다.
③ 이 사람은 드라마를 보면서 문화도 배웁니다.
④ 이 사람은 드라마에 나오는 말을 모두 압니다.

6.

내일은 제 남자 친구 생일입니다. 그래서 오늘 생일 선물을 사러 켈리와 같이 명동에 갔습니다. 지하철역에서 가까운 백화점에 가서 남자 친구에게 줄 옷을 사고 켈리와 저녁을 먹었습니다. 저는 한국에 와서 김치찌개를 처음 먹어 봤는데 좀 매웠지만 아주 맛있었습니다. 다음에 남자 친구와 다시 한번 가 보고 싶습니다.

① 이 사람은 혼자 명동에 갔습니다.
② 이 사람은 명동에서 저녁을 먹었습니다.
③ 이 사람은 켈리의 생일 선물을 샀습니다.
④ 이 사람은 김치찌개를 좋아해서 자주 먹습니다.

[7-8] 다음을 읽고 질문에 답하세요.

안녕하세요? 저는 대학원에서 역사를 공부하고 있는 이지훈이라고 합니다. (㉠) 저는 이번 여름에 한 달 동안 중국을 여행할 계획입니다. (㉡) 전부터 중국 역사에 관심이 많아서 중국에 한번 가 보고 싶었습니다. (㉢) 그런데 중국어를 전혀 할 줄 몰라서 걱정입니다. (㉣) 저에게 중국어를 가르쳐 주실 분을 찾습니다. JhYi@snu.ac.kr으로 연락해 주세요.

7. ㉠~㉣ 중에서 다음 문장이 들어갈 곳을 고르세요.

그래서 여름 방학 전까지 매일 두 시간 중국어를 배우려고 합니다.

① ㉠ ② ㉡ ③ ㉢ ④ ㉣

8. 이 사람에 대한 설명으로 맞는 것을 고르세요.
   ① 중국어를 조금 할 수 있습니다.
   ② 이번 여름에 처음 중국에 갑니다.
   ③ 같이 중국에 갈 사람을 찾고 있습니다.
   ④ 대학원에서 역사를 가르치고 있습니다.

[9-10] 다음을 읽고 질문에 답하세요.

저와 제 룸메이트는 둘 다 축구를 좋아합니다. 제 룸메이트는 고등학교 때 축구 선수였습니다. 그래서 축구를 아주 잘합니다. 우리는 시간이 나면 축구를 합니다. (㉠) 요즘은 날씨가 별로 좋지 않아서 밖에서 운동을 못 했습니다. 이번 주말에 날씨가 좋으면 축구하러 가고 싶습니다.

9. ㉠에 들어갈 알맞은 말을 고르세요.

① 그런데 ② 그리고 ③ 그래서 ④ 그러면

10. 이 사람에 대한 설명으로 맞는 것을 고르세요.
   ① 지금 고등학생입니다.
   ② 전에 축구 선수였습니다.
   ③ 룸메이트와 취미가 같습니다.
   ④ 이번 주말에는 축구를 못 합니다.

[11-15] 빈칸에 알맞은 것을 골라 대화를 만들어 보세요.

-(으)려고	-(으)ㄴ데	-거나
-아/어 보다	(이)라고 하다	-(으)ㄹ 줄 알다[모르다]

11. A : 마리코 씨, ______________________________?

    B : 아니요, 운전 못 해요.

12. A : 왜 한국어를 공부해요?

    B : ______________________________.

13. A : 처음 뵙겠습니다. 저는 아키라입니다.

    B : 안녕하세요? 저는 ______________________.

14. A : 이 음악 오늘 처음 들었어요?

    B : 아니요, ______________________________.

15. A : 주말에 보통 뭐 해요?

    B : ______________________________ 운동을 해요.

[16] 다음 글을 읽고 (　　)에 알맞은 말을 쓰세요.

> 저는 크리스 라슨이라고 합니다. 저는 한국 친구들이 많습니다. 그런데 저는 한국말을 못하고, 친구들은 영어를 잘 못해서 이야기하는 것이 조금 불편합니다. 그래서 친구들과 한국말로 (　　　　　　　　　　) 열심히 한국어를 공부하고 있습니다.

[17] **질문을 잘 읽고 200~300자로 글을 쓰세요.**

여러분의 취미는 무엇입니까? 언제 처음 시작했습니까? 왜 좋아합니까? 쓰세요.

발음 Pronunciation

1. 잘 들어 보세요. track 6

1. 처음 뵙겠습니다.
2. 저는 피아노를 칠 줄 몰라요.
3. 어제 고향 친구를 만났어요.

2. 잘 듣고 발음에 주의하여 읽어 보세요. track 7

1. 실례합니다. 김 선생님 계십니까?
2. 연습 문제가 어려운데 좀 가르쳐 주세요.
3. 아키라 씨 회사 전화번호 알아요?
4. 저는 운전할 줄 알지만 잘 못해요.

3. 친구와 연습해 보세요. track 8

1. A : 성함이 어떻게 되세요?
   B : 저는 김민수라고 합니다.
2. A : 커피 있어요?
   B : 커피가 없는데 녹차 드릴까요?
3. A : 불고기를 만들 줄 알아요?
   B : 네, 만들 수 있어요.
4. A : 방학에 뭐 할 거예요?
   B : 저는 이번 방학 동안 여행을 할 거예요.

말하기 Speaking

1. 주사위를 던져서 나온 숫자에 해당하는 질문을 읽고 친구들에게 이야기해 보세요.

우리 반 친구 한 명에 대해서 소개해 보세요.

여러분이 가지고 있는 물건 중에 가장 좋아하는 것은 무엇입니까?
왜 그것을 좋아합니까? 친구들에게 소개해 보세요.

여러분 나라의 수도는 어디입니까?
그곳은 어떤 곳이고 무엇이 유명합니까? 친구들에게 소개해 보세요.

여러분은 중·고등학교 때 어떤 취미가 있었습니까?
지금 취미는 무엇입니까? 여러분의 취미에 대해서 이야기해 보세요.

여러분은 배워 보고 싶은 것이 있습니까? 왜 그것을 배우고 싶습니까?
친구들에게 이야기해 보세요.

여러분은 한국에서 어느 도시에 가 봤습니까? 그곳에서 무엇을 했습니까?
여러분의 경험을 이야기해 보세요.

2. A와 B가 되어 이야기해 보세요.

저는 OO 동호회에 가입했습니다.

친구에게 이 동호회를 소개해 주고 싶습니다.

저는 친구가 가입한 동호회에 대해 알고 싶습니다.

궁금한 것을 질문해 보세요.

4 옷이 좀 큰 것 같아요
The clothes seem a little too big

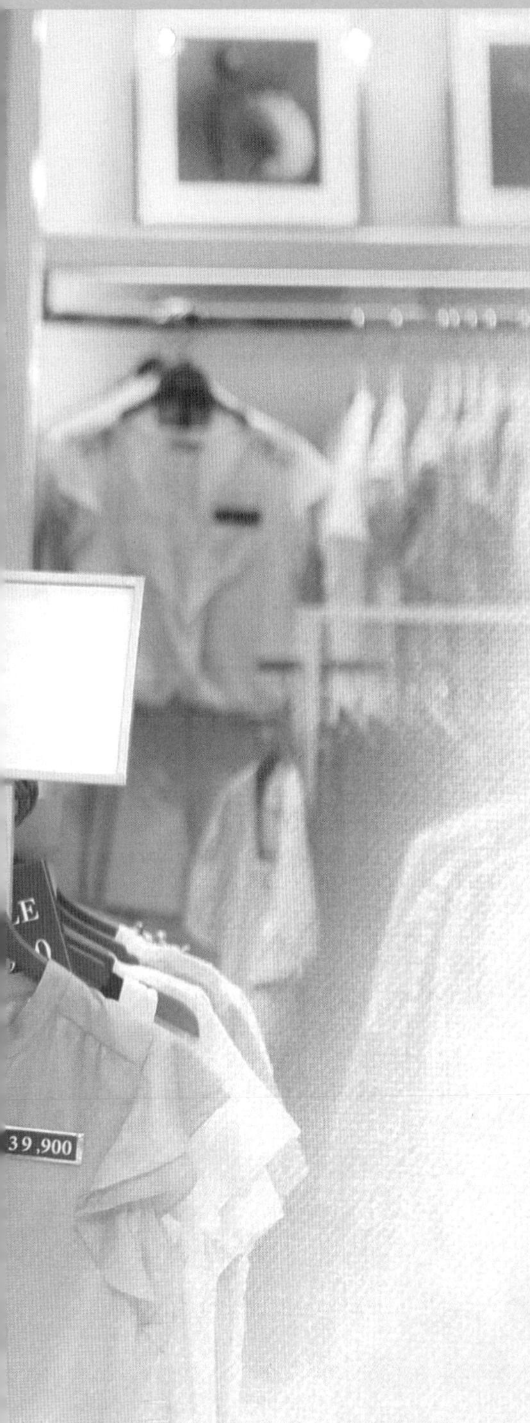

어 휘
- 의복
  Clothing

문법과 표현
- A–(으)ㄴ 것 같다, V–는 것 같다, N인 것 같다
- N보다
- A/V–았으면/었으면 좋겠다

문형 연습

어 휘 Vocabulary

연 습 1 그림을 보고 [보기]와 같이 빈칸에 알맞은 단어를 쓰세요.
Write the correct word for each picture as shown in the example.

1)

[보기]

- 안경 을/를 꼈어요.
- ________ 을/를 입었어요.
- ________ 을/를 했어요.

2)

- ________ 을/를 입었어요.
- ________ 을/를 입었어요.
- ________ 을/를 신었어요.

3)

- ________ 을/를 입었어요.
- ________ 을/를 입었어요.
- ________ 을/를 신었어요.

4)

- ________ 을/를 썼어요.
- ________ 을/를 했어요.
- ________ 을/를 꼈어요.

연 습 2 빈칸에 알맞은 단어를 골라 대화를 만들어 보세요.

Complete each dialogue using the correct form of the appropriate word from the box.

입다	쓰다	끼다	하다	신다

1) A : 결혼식*에 가는데 어떤 옷을 입어야 해요?
   B : 양복을 ________________.

2) A : 이 구두 좀 보여 주세요.
   B : 네, 한번 ________________ 보세요.

3) A : 저기 안경을 ________________ 사람이 웡슨 씨예요?
   B : 네, 맞아요.

4) A : 오늘 날씨 어때요?
   B : 많이 추워요. 장갑을 꼭 ________________.

5) A : 예쁜 스카프가 많네요.
   B : 네, 저는 스카프 ________________ 것을 좋아해요.

연 습 3 그림을 보고 알맞은 단어를 골라 대화를 만들어 보세요.

Look at the pictures and complete each dialogue using the correct form of the appropriate word from the box.

비싸다	싸다	길다	짧다	밝다	어둡다
맞다	크다	작다	어울리다	마음에 들다	

1) 
A : 사이즈가 어때요?
B : ________________________________.

2) 
A : 옷이 마음에 드세요?
B : ________________________________.

3) 
A : 어떤 색 옷을 좋아하세요?
B : ________________________________.

4) 
A : 어떤 것으로 바꿔 드릴까요?
B : ________________________________.

5) 
A : 이 옷 어때요?
B : ________________________________.

결혼식 wedding (ceremony)

문법과 표현 Grammar and Expression

1. A-(으)ㄴ 것 같다, V-는 것 같다, N인 것 같다

연 습 1 빈칸에 알맞게 쓰세요.
Complete the table as shown in the example.

크다	큰 것 같아요	가다	가는 것 같아요
작다		먹다	
따뜻하다		공부하다	
춥다		듣다	
맛있다		살다	
재미없다		만들다	
바쁘지 않다		만나지 않다	

연 습 2 맞는 것끼리 연결하세요.
Match each picture with the correct description.

1)  • • ① 슬픈 것 같아요.

2)  • • ② 심심한 것 같아요.

3)  • • ③ 피곤한 것 같아요.

4)  • • ④ 기분이 좋은 것 같아요.

5)  • • ⑤ 걱정이 있는 것 같아요.

연 습 3 그림을 보고 [보기]와 같이 문장을 만들어 보세요.

Look at the pictures and create each sentence as shown in the example.

[보기]

<u>물을 마시는 것 같아요.</u>

1)

____________________.

2)

____________________.

3)

____________________.

4)

____________________.

5)

____________________.

6)

____________________.

연 습 4 [보기]와 같이 대화를 만들어 보세요.

Complete each dialogue as shown in the example.

> **[보기]** A : 저 사람은 누구예요?
>
> B : 히엔 씨 친구인 것 같아요. 히엔 씨랑 같이 왔어요. (친구이다)

1) A : 옷이 잘 맞으세요?

   B : 음, ______________________. (조금 작다)

2) A : 제가 빌려준 책 다 읽었어요?

   B : 아직 다 못 읽었어요. 저한테 좀 ______________________. (어렵다)

3) A : 마리코 씨, 스티븐 씨 못 봤어요?

   B : 아까 집에 갔어요. ______________________. (무슨 일이 있다)

4) A : 나나 씨가 샤오밍 씨를 ______________________. (좋아하다)

   B : 맞아요. 나나 씨는 샤오밍 씨를 보면 항상 웃어요.

5) A : 스티븐 씨가 여자 친구하고 헤어졌어요*?

   B : 잘 모르겠지만 요즘 ______________________. (만나지 않다)

6) A : 저 사람 알아요?

   B : 아니요, 몰라요. 우리 학교 ______________________. (학생이 아니다)

연 습 5 우리 반 친구들은 어떤 것 같아요? 왜 그렇게 생각해요? 이야기해 보세요.

What do you think your classmates are like? Why do you think so? Let's talk about your classmates in class.

* 헤어지다 to break up

2. N보다

연 습 1 그림을 보고 [보기]와 같이 대화를 만들어 보세요.

Look at the pictures and answer each question as shown in the example.

[보기]

A : 무슨 음식을 더 좋아해요?

B : <u>불고기보다 비빔밥을 더 좋아해요.</u>

1)

A : 무슨 운동을 더 잘해요?

B : ______________________________.

2)

A : 뭐가 더 잘 어울려요?

B : ______________________________.

3)

A : 뭐가 더 비싸요?

B : ______________________________.

4)

A : 어느 산이 더 높아요?

B : ______________________________.

5)

A : 어느 게 더 편해요?

B : ______________________________.

6)

A : 어느 계절이 더 좋아요?

B : ______________________________.

3. A/V-았으면/었으면 좋겠다

연 습 1 그림을 보고 [보기]와 같이 문장을 만들어 보세요.

Look at the pictures and make each sentence as shown in the example.

[보기]

세계 여행을 하다

세계 여행을 했으면 좋겠어요.

1) 

1등을 하다 ______________________________.

2) 

돈을 많이 벌다* ______________________________.

3) 

한국말을 잘하다 ______________________________.

4) 

내일 날씨가 좋다 ______________________________.

5) 

시험이 쉽다 ______________________________.

6) 

춤을 잘 추다 ______________________________.

7) 

유명한 가수가 되다 ______________________________.

돈을 벌다 to make money

연 습 2 [보기]와 같이 대화를 만들어 보세요.

Answer each question as shown in the example.

[보기]	A : 어떤 집에 살고 싶어요?
	B : 바다가 가까운 집에 살았으면 좋겠어요.

1) A : 무슨 선물을 받고 싶어요?

B : ______________________________.

2) A : 어떤 영화를 보고 싶어요?

B : ______________________________.

3) A : 어떤 일을 하고 싶어요?

B : ______________________________.

4) A : 누구를 만나고 싶어요?

B : ______________________________.

연 습 3 우리 반 친구에게 바라는 것이 있어요? [보기]와 같이 친구에게 써 보세요.

Do you have requests for your classmates? Write memos to your classmates as shown in the example.

[보기]

아키라에게 바라는* 것을 써 주세요.

아키라 씨, 약속 시간에 조금만 빨리 왔으면 좋겠어요. ^^

아키라 씨하고 이야기를 더 많이 했으면 좋겠어요.

아키라 씨 …

마리코에게 바라는 것을 써 주세요.

줄리앙에게 바라는 것을 써 주세요.

바라다 to wish

문형 연습 Pattern Practice

track 9

연습 1

[보기] 선생님(T) 아키라 씨는 지금 뭐 해요?
학 생(S) (숙제하다) 숙제하는 것 같아요.

1. T 스티븐 씨는 지금 뭐 해요?
   S (방에서 자다) ______________________.
2. T 히엔 씨는 요즘 어떻게 지내요?
   S (아주 바쁘다) ______________________.
3. T 마리코 씨는 지금 어디에 있어요?
   S (집에 있다) ______________________.
4. T 오늘 날씨가 어때요?
   S (어제보다 춥다) ______________________.

연습 2

[보기] 선생님(T) 저 사람은 누구예요?
학 생(S) (줄리앙 씨 동생) 줄리앙 씨 동생인 것 같아요.

1. T 이 가방은 누구 거예요?
   S (유진 씨 가방) ______________________.
2. T 나나 씨 생일은 언제예요?
   S (다음 주 목요일) ______________________.
3. T 저 사람은 어느 나라 사람이에요?
   S (프랑스 사람) ______________________.
4. T 2급 반 교실은 몇 층이에요?
   S (3층) ______________________.

연 습 3

[보기] **선생님**(T) 지하철, 버스, 복잡하다
학 생(S) 지하철이 버스보다 더 복잡해요.

1. T 오늘, 어제, 바쁘다

   S ______________________________.

2. T 올해, 작년, 덥다

   S ______________________________.

3. T 쓰기, 읽기, 어렵다

   S ______________________________.

4. T 한라산, 설악산, 높다

   S ______________________________.

연 습 4

[보기] **선생님**(T) 한국 친구가 있다
학 생(S) 한국 친구가 있었으면 좋겠어요.

1. T 한국말을 잘하다

   S ______________________________.

2. T 돈이 많다

   S ______________________________.

3. T 숙제가 없다

   S ______________________________.

4. T 집이 가깝다

   S ______________________________.

5 어디에 가면 좋을까요?

Where would be a good place to go?

어 휘

- 여행
  Travel

문법과 표현

- A/V-(으)ㄹ까요?
- A/V-(으)ㄹ 거예요
- A/V-(으)니까, N(이)니까
- V-고 나서

문형 연습

어 휘 Vocabulary

연 습 1 빈칸에 알맞은 단어를 골라 쓰세요.
Complete each dialogue using the appropriate word from the box.

기간	교통편	숙소	요금	일정

1) A : 여행 __________이/가 어떻게 됩니까?

   B : 1월 8일부터 10일까지입니다.

2) A : __________을/를 예약했어요?

   B : 네, 서울호텔을 예약했어요.

3) A : 서울에서 대전까지 가는 기차 __________이/가 얼마예요?

   B : 22,000원입니다.

4) A : 부산까지 어떤 __________을/를 이용하는* 게 좋아요?

   B : 기차로 가는 게 편해요.

5) A : 이번 춘천 여행 __________을/를 좀 알려 주세요*.

   B : 오전 8시에 출발해서 춘천을 구경하고 저녁 9시에 서울로 돌아옵니다.

이용하다 to use 알려 주다 to inform

연 습 2 여행을 할 때 무엇에 필요한 돈입니까? 알맞은 그림과 연결해 보세요.

What are these fees for in traveling? Match each word with the corresponding picture.

[보기]

여행자 보험료 • —— • ②

1) 숙박비 •

2) 식비 •

3) 입장료 •

4) 항공료 •

• ① 

• ② 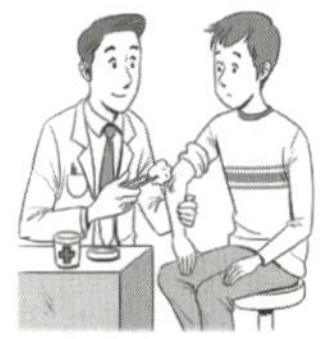

• ③ 

• ④ 

• ⑤ 

연 습 3 다음 표를 보고 질문에 답하세요.

Look at the flight reservation and answer the following questions.

• 항공 일정

출국 항공편	항공편	서울[인천] 출발	[홍콩] 도착
	7C2109	11월 07일(일) 10:05	11월 07일(일) 12:55

귀국 항공편	항공편	[홍콩] 출발	서울[인천] 도착
	7C2110	11월 10일(수) 13:35	11월 10일(수) 18:15

• 성인* : **240,000원** (일반석)

1) 항공료는 얼마입니까? ____________________

2) 어디에 다녀오는 표를 예약했습니까? ____________________

3) 홍콩으로 떠나는 날짜는 언제입니까? ____________________

4) 어떤 자리를 예약했습니까? ____________________

성인 adult

문법과 표현 Grammar and Expression

1. A/V-(으)ㄹ까요?

연 습 1 그림을 보고 [보기]와 같이 대화를 만들어 보세요.

Look at the pictures and complete each dialogue as shown in the example.

[보기]

날씨 / 좋다

A : 내일 날씨가 좋을까요?

B : 글쎄요, 저도 일기 예보*를 안 봐서 모르겠어요.

1)

저 식당 음식 / 맛있다

A : ______________________________?

B : 글쎄요, 저도 안 가 봐서 잘 모르겠어요.

2)

시험 / 어렵다

A : ______________________________?

B : 글쎄요, 선생님께 한번 물어보세요.

3)

이 옷 / 맞다

A : 유진 씨한테 ______________________________?

B : 글쎄요, 옷이 좀 작은 것 같아요.

4)

매운 음식 / 좋아하다

A : 히엔 씨가 ______________________________?

B : 네, 히엔 씨는 매운 음식을 잘 먹어요.

5)

이 책 / 읽을 수 있다

A : 나나 씨가 ______________________________?

B : 그럼요, 별로 어렵지 않아요.

일기 예보 weather forecast

연 습 2 [보기]와 같이 대화를 만들어 보세요.

Complete each dialogue as shown in the example.

[보기] A : 민수 씨가 <u>올까요</u>?
B : 네, 지금 오고 있어요. 아까 민수 씨한테서 전화가 왔어요.

1) A : 지금 길이 ______________________?

B : 네, 이 시간에는 항상 복잡해요.

2) A : 제주도에 가는 비행기 표가 ______________________?

B : 아니요, 지금 세일을 해서 별로 비싸지 않아요.

3) A : 아키라 씨가 지금 어디에 ______________________?

B : 제가 전화해 봤는데 지금 집에 있어요.

4) A : 이 영화가 ______________________?

B : 글쎄요, 잘 모르겠어요.

5) A : 지금 가면 ______________________?

B : 아니요, 안 늦어요. 걱정하지 마세요.

6) A : 이번 주 일요일에 박물관 문을 ______________________?

B : 네, 열어요. 박물관은 월요일이 휴일이에요.

2. A/V-(으)ㄹ 거예요

연 습 1 그림을 보고 [보기]와 같이 대화를 만들어 보세요.

Look at the pictures and complete each dialogue as shown in the example.

[보기]

A : 내일도 추울까요?

B : 네, <u>아마* 추울 거예요</u>. 따뜻한 옷을 입고 오세요.

1)

A : 지금 강남역에 가려고 하는데 길이 막힐까요*?

B : 네, ____________________. 지하철을 타세요.

2)

A : 이 책을 읽어 보고 싶은데 많이 어려울까요?

B : 네, ____________________. 좀 더 쉬운 책을 찾아보세요.

3)

A : 유진 씨 생일 선물로 이 옷을 샀는데 유진 씨가 좋아할까요?

B : 네, ____________________. 유진 씨가 좋아하는 스타일이에요.

4)

A : 줄리앙 씨가 아키라 씨 전화번호를 알까요?

B : 네, ____________________. 두 사람이 친해요.

5)

A : 선생님께 전화를 해야 하는데 댁에 계실까요?

B : 아니요, ____________________ 휴대 전화로 전화해 보세요.

아마 maybe 길이 막히다 to have heavy traffic

연 습 2 [보기]와 같이 대화를 만들어 보세요.

Answer each question as shown in the example.

> **[보기]** A : 언제 가면 그 친구를 만날 수 있을까요?
> B : <u>한 시에 교실로 가면 만날 수 있을 거예요</u>.

1) A : 어떻게 하면 비행기 표를 싸게 살* 수 있을까요?

B : ______________________________.

2) A : 고향에서 온 친구와 어디에 가면 좋을까요?

B : ______________________________.

3) A : 어떻게 하면 단어를 잘 외울 수 있을까요?

B : ______________________________.

4) A : 어떻게 하면 __________을/를 만날 수 있을까요?

B : ______________________________.

연 습 3 그림을 보고 [보기]와 같이 대화를 만들어 보세요.

Look at the pictures and answer each question as shown in the example.

[보기]

A : 아키라 씨가 탄 비행기가 도착했을까요?

B : <u>네, 도착했을 거예요</u>.

1) 

A : 히엔 씨가 가방을 찾았을까요?

B : ______________________________.

2) 

A : 벌써 점심을 다 먹었을까요?

B : ______________________________.

3) 

A : 지금 1시 10분인데 회의를 시작했을까요?

B : ______________________________.

4) 

A : 지금쯤 수업이 끝났을까요?

B : ______________________________.

* 싸게 사다 to buy cheap

3. A/V-(으)니까, N(이)니까

연 습 1 빈칸에 알맞게 쓰세요.

Complete the table as shown in the example.

바쁘다	바쁘니까	가다	가니까
복잡하다		공부하다	
좋다		읽다	
맛있다		듣다	
멀다		살다	
어렵다		만들다	

연 습 2 [보기]와 같이 문장을 만들어 보세요.

Combine two sentences as shown in the example.

[보기] 길이 복잡하다 + 지하철을 타다

→ 길이 복잡하니까 지하철을 타세요.

1) 지금 시간이 없다 + 내일 다시 오다

→ ______________________________.

2) 담배는 건강*에 안 좋다 + 피우지 말다

→ ______________________________.

3) 날씨가 너무 춥다 + 밖에 나가지 말다

→ ______________________________.

4) 학생은 무료*이다 + 그냥 들어가다

→ ______________________________.

5) 어제 많이 일했다 + 오늘은 쉬다

→ ______________________________.

6) 늦었다 + 빨리 출발하다

→ ______________________________.

건강 health 무료 free of charge

연 습 3 [보기]와 같이 대화를 만들어 보세요.

Complete each dialogue as shown in the example.

> [보기]
> A : 부산까지 뭘 타고 갈까요?
> B : 시간이 없으니까 KTX를 타요.

1) A : 강남역까지 어떻게 갈까요?

   B : ________________________ 지하철을 탑시다.

2) A : 주말에 뭐 할까요?

   B : ________________________ 등산하러 가요.

3) A : 언제 만날까요?

   B : ________________________ 다음 주에 만날까요?

4) A : 어디에서 밥 먹을까요?

   B : ________________________ 가까운 식당으로 가요.

연 습 4 알맞은 것끼리 연결하여 문장을 만들어 보세요.

Connect the phrases to make a sentence.

1) 요즘 시험 기간이니까 •	• ① 선물로 꽃을 살까요?
2) 아이가 자고 있으니까 •	• ② 창문을 닫으세요.
3) 비가 많이 오니까 •	• ③ 도서관에 자리가 없을 거예요.
4) 마리코 씨가 꽃을 좋아하니까 •	• ④ 조용히* 하세요.
5) 오늘 한강에서 불꽃놀이를 하니까 •	• ⑤ 같이 구경하러 가요.

조용히 quietly

4. V-고 나서

연 습 1 그림을 보고 [보기]와 같이 문장을 만들어 보세요.

Look at the pictures and create sentences as shown in the example.

[보기]

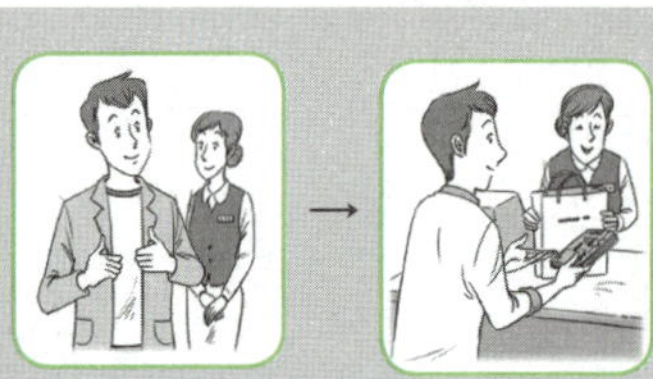

옷을 입어 보다 → 사다

<u>옷을 입어 보고 나서 사세요.</u>

1)

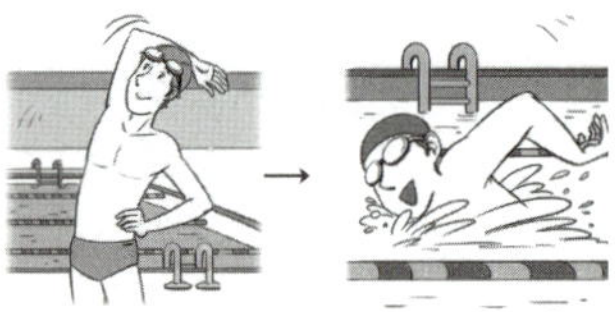

준비운동하다* → 수영하다

______________________________.

2)

밥을 먹다 → 약을 먹다

______________________________.

3)

생각해 보다 → 결정하다*

______________________________.

4)

설명을 다 듣다 → 질문하다

______________________________.

5)

책을 다 읽다 → 자기의 생각을 쓰다

______________________________.

준비운동하다 to warm up 결정하다 to decide

연 습 2 그림을 보고 [보기]와 같이 대화를 만들어 보세요.

Look at the pictures and complete each dialogue as shown in the example.

[보기]

저녁을 먹다

A : 어제 저녁에 뭐 했어요?

B : <u>저녁을 먹고 나서 텔레비전을 봤어요</u>.

1) 

운동하다

A : 오늘 아침에 뭐 했어요?

B : ____.

2) 

이를 닦다

A : 보통 아침에 일어나서 뭐 해요?

B : ____.

3) 

숙제를 하다

A : 오늘 뭐 할 거예요?

B : ____.

4) 

졸업하다*

A : 내년에 뭐 할 거예요?

B : ____.

연 습 3 [보기]와 같이 대화를 만들어 보세요.

Answer each question as shown in the example.

[보기] A : 지금 영화를 볼 거예요?

B : <u>아니요, 숙제를 다 하고 나서 볼 거예요</u>.

1) A : 지금 잘 거예요?

B : ____.

2) A : 지금 저녁을 먹을 거예요?

B : ____.

3) A : 언제 집에 갈 거예요?

B : ____.

4) A : 언제 고향에 돌아갈 거예요?

B : ____.

졸업하다 to graduate

문형 연습 Pattern Practice

track 10

연습 1

[보기] 선생님(T) 내일 날씨가 좋다
학 생(S) 내일 날씨가 좋을까요?

1. T 지금 가면 늦다

   S ____?

2. T 도서관에 자리가 있다

   S ____?

3. T 이 영화가 무섭다

   S ____?

4. T 나나 씨가 집에 도착했다

   S ____?

연습 2

[보기] 선생님(T) 스티븐 씨가 내일 학교에 올까요?
학 생(S) (네) 네, 올 거예요.
(아니요) 아니요, 안 올 거예요.

1. T 지금 길이 막힐까요?

   S (네) ____.

2. T 민수 씨가 집에 있을까요?

   S (아니요) ____.

3. T 그 옷이 저에게 어울릴까요?

   S (네) ____.

4. T 비빔밥이 매울까요?

   S (아니요) ____.

연 습 3

[보기] **선생님**(T) 길이 복잡하다, 지하철을 타다
학　생(S) 길이 복잡하니까 지하철을 타요.

1. T 오늘은 바쁘다, 내일 만나다

   S ______________________________.

2. T 백화점은 비싸다, 시장에서 사다

   S ______________________________.

3. T 여기에서 가깝다, 걸어서 가다

   S ______________________________.

4. T 오늘 시험이 끝났다, 같이 영화 보다

   S ______________________________.

연 습 4

[보기] **선생님**(T) 저녁을 먹다, 텔레비전을 보다
학　생(S) 저녁을 먹고 나서 텔레비전을 봤어요.

1. T 영화를 보다, 친구와 이야기하다

   S ______________________________.

2. T 운동하다, 샤워하다

   S ______________________________.

3. T 손을 씻다, 밥을 먹다

   S ______________________________.

4. T 문자를 받다, 전화하다

   S ______________________________.

6 비행기로 보내면 얼마예요?

How much is it if I send it by airmail?

어 휘

- 우체국
  Post office
- 은행
  Bank

문법과 표현

- N(으)로
- N(이)라서
- '르' 불규칙
- V-(으)면 되다
- V-(으)ㄴ 것 같다

문형 연습

어 휘 Vocabulary

연 습 1 맞는 것끼리 연결하세요.
Match each word with the correct picture.

우체국

1) 우표 • • ① 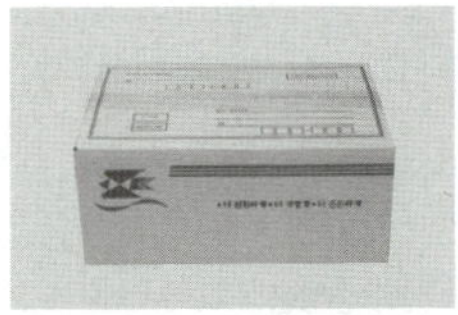

2) 엽서 • • ② 

3) 봉투 • • ③ 

4) 소포 • • ④ 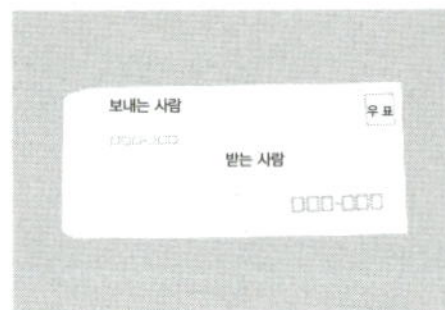

은행

1) 도장 • • ① 

2) 통장 • • ② 

3) 신분증 • • ③ 

4) 신용 카드 • • ④ 

연 습 2 그림을 보고 [보기]와 같이 빈칸에 알맞은 단어를 골라 문장을 만들어 보세요.

Look at the pictures and complete each sentence with the correct form of the correct verb as shown in the example.

넣다　　쓰다　　부치다　　붙이다　　포장하다

편지

→

→

→

[보기] 주소를 써요

1) 우표를 ____________

2) 편지를 봉투에 ____________

3) 편지를 ____________

소포

→

→

→

1) 책을 상자에 ____________

2) 소포를 ____________

3) 주소를 ____________

4) 소포를 ____________

연 습 3 그림을 보고 빈칸에 알맞은 단어를 골라 문장을 만들어 보세요.

Look at the pictures and complete each sentence with the correct form of the correct verb.

찾다　　넣다　　보내다　　바꾸다

1) **1. 입금** 은행에 돈을 ____________ 싶으면 1번 창구로 가야 합니다.

2) **2. 출금** 돈을 ____________ 싶으면 2번 창구로 가야 합니다.

3) **3. 송금** 다른 사람에게 돈을 ____________ 싶으면 3번 창구로 가야 합니다.

4) **4. 환전** 돈을 ____________ 싶으면 4번 창구로 가야 합니다.

문법과 표현 Grammar and Expression

1. N(으)로

연 습 1 그림을 보고 [보기]와 같이 문장을 만들어 보세요.

Look at the pictures and complete each sentence as shown in the example.

[보기]

친구와 <u>한국말로</u> 이야기해요.

1)

____________ 소포를 보냈어요.

2)

____________ 이메일을 보내요.

3)

____________ 밥을 먹어요.

4)

____________ 드라마를 봐요.

5)

____________ 편지를 써요.

6)

____________ 학교에 와요.

연 습 2 그림을 보고 [보기]와 같이 대화를 만들어 보세요.

Look at the pictures and complete each dialogue as shown in the example.

[보기]

A : 민수 씨 주소를 알면 좀 가르쳐 주세요.

B : 네, <u>문자로</u> 보내 줄게요.

1) 

A : 명동까지 뭘 타고 갈까요?

B : 길이 많이 막히니까 ________________ 가세요.

2) 

A : 자기소개를 영어로 써야 돼요?

B : 아니요, ________________ 쓰세요.

3) 

A : 신청서*를 우편*으로 보내야 해요?

B : 아니요, ________________ 보내세요.

4) 

A : 뭐로 계산하시겠어요*?

B : ________________ 계산할게요.

연 습 3 [보기]와 같이 이야기해 보세요.

Ask each other questions and respond as shown in the example.

[보기]

1) 서울에서 부산까지 어떻게 가요?

2) 여러분 고향에서는 어떻게 음식을 먹어요?

3) 여러분 나라의 뉴스를 어떻게 봐요?

4) 여러분은 친구들과 서로* 어떻게 연락해요?

신청서 application 우편 mail 계산하다 to pay 서로 each other

2. N(이)라서

연 습 1 [보기]와 같이 대화를 만들어 보세요.
Complete each dialogue as shown in the example.

[보기] A : 여기가 어디예요?
B : 저도 여기가 처음이라서 잘 모르겠어요. (여기가 처음이다)

1) A : 새로* 이사한 집은 마음에 들어요?

B : 네, ________________________ 가깝고 좋아요. (집이 학교 근처이다)

2) A : 여보세요? 나나 씨, 저 아키라예요.

B : 미안해요. 이따 제가 다시 할게요.

________________________ 전화 못 받아요. (지금 회의 중*이다)

3) A : 이 영화 봤어요?

B : 그럼요, ________________________ 다섯 번도 더 봤어요.

(내가 제일 좋아하는 영화이다)

4) A : 밖이 왜 이렇게 시끄럽지요?

B : ________________________ 그럴 거예요. (지금 쉬는 시간이다)

5) A : 길이 안 막히네요.

B : ________________________ 차가 별로 없네요. (퇴근 시간*이 아니다)

새로 newly; recently 회의 중 in the middle of a meeting 퇴근 시간 quitting time

연 습 2 그림을 보고 [보기]와 같이 대화를 만들어 보세요.

Look at the pictures and complete each dialogue as shown in the example.

[보기]

A : 백화점에 왜 이렇게 사람이 많지요?

B : 요즘 세일 기간이라서 그래요.

1)

A : 고향에 가려고 하는데 비행기 표가 없어요.

B : ______________________ 그래요.

2)

A : 내일 수업 끝나고 뭐 해요?

B : 내일이 ______________________ 파티에 가려고 해요.

3)

A : 요즘 등산하는 사람들이 별로 없네요.

B : ______________________ 그런 것 같아요.

4)

A : 학교가 조용하네요.

B : ______________________ 그런 것 같아요.

연 습 3 알맞은 것을 골라 대화를 만들어 보세요.

Complete each dialogue using the appropriate form from the box.

(이)라서	-아서/어서

1) A : 왜 집에 안 가요?

B : ____________________ 집에 못 가고 있어요.

2) A : 왜 숙제를 안 했어요?

B : ____________________ 숙제를 못 했어요.

3) A : 오늘 극장에 사람이 많군요.

B : ____________________ 이렇게 많은 것 같아요.

4) A : 지금 살고 있는 집이 어때요?

B : ____________________ 편하고 좋아요.

3. '르' 불규칙

연 습 1 빈칸에 알맞게 쓰세요.
Complete the table as shown in the example.

	–아요/어요	–습니다/ㅂ니다	–(으)니까	–아서/어서	–(으)ㄴ데/는데
빠르다*	빨라요				
다르다*		다릅니다			
모르다			모르니까		
부르다				불러서	
오르다*					오르는데
서두르다*					

연 습 2 알맞은 단어를 골라 대화를 만들어 보세요.
Complete each dialogue with the correct form of the correct verb.

빠르다	다르다	모르다	부르다	오르다	서두르다

1) A : 왜 그렇게 ____________?

B : 열두 시 비행기를 타야 하는데 늦었어요.

2) A : 노래 ____________ 것을 좋아해요?

B : 네, 그래서 노래방에 자주 가요.

3) A : 강남역까지 빨리 가야 하는데 택시를 탈까요?

B : 이 시간에는 택시보다 지하철이 더 ____________.

4) A : 저 사람 누구예요?

B : 저도 잘 ____________.

5) A : 요즘 과일값이 많이 비싸지요?

B : 네, 작년보다 많이 ____________.

6) A : 한국 생활이 어때요?

B : 우리 나라와 문화가 ____________ 재미있는 일이 많아요.

빠르다 to be fast 다르다 to be different 오르다 to rise 서두르다 to hurry

4. V-(으)면 되다

연 습 1 [보기]와 같이 문장을 만들어 보세요.

Make each sentence as shown in the example.

[보기] 조금 이따가 출발하세요. <u>한 시까지 가면 돼요</u>. (한 시까지 가다)

1) 도장이 없으면 ______________________. (서명을 하다*)

2) 여기에서 멀지 않아요. ______________________. (10분만 걷다)

3) 밤에 돈을 찾고 싶으면 ______________________. (현금 인출기를 이용하다)

4) 발음 연습을 하고 싶으면 ______________________. (큰 소리로* 많이 읽다)

5) 시험에 대해서 너무 걱정하지 마세요. ______________________. (열심히 공부하다)

6) 아직 시간이 있어요. ______________________. (내일까지만 끝내다*)

연 습 2 그림을 보고 [보기]와 같이 대화를 만들어 보세요.

Look at the pictures and complete each dialogue as shown in the example.

[보기]

A : 내일도 병원에 와야 돼요?

B : 아니요, <u>약만 드시면 돼요</u>.

1)

A : 샤오밍 씨, 커피도 드릴까요?

B : 아니요, ______________________.

2)

A : 여기에 도장도 찍어야* 돼요?

B : 아니요, ______________________.

3)

A : 비자*도 있어야 돼요?

B : 아니요, ______________________.

4)

A : 다른 과일도 사야 돼요?

B : 아니요, ______________________.

서명을 하다 to sign 큰 소리로 aloud 끝내다 to finish 도장을 찍다 to stamp a seal 비자 visa

연 습 3 그림을 보고 [보기]와 같이 대화를 만들어 보세요.

Look at the pictures and answer each question as shown in the example.

[보기]

A : 한국어 책을 사고 싶은데 어디로 가야 돼요?

B : <u>사무실로 가면 돼요</u>.

1)

A : 신촌에 가고 싶은데 어떻게 가야 돼요?

B : ______________________________.

2)

A : 한국어 수업에 등록하고* 싶은데 어떻게 해야 돼요?

B : ______________________________.

3)

A : 지금 전화를 안 받는데 어떻게 연락해야 돼요?

B : ______________________________.

4)

A : 숙제를 안 가져왔는데 언제까지 내야 돼요?

B : ______________________________.

5)

A : 얼마나 기다려야 돼요?

B : ______________________________.

등록하다 to register

5. V-(으)ㄴ 것 같다

연 습 1 그림을 보고 [보기]와 같이 문장을 만들어 보세요.
Look at the pictures and complete each sentence as shown in the example.

[보기]

조금 전에 커피를 <u>마신 것 같아요</u>. (마시다)

1) 

두 사람이 ______________________________. (싸우다)

2) 

부산 가는 기차가 ______________________________. (도착하다)

3) 

나나 씨가 밥을 ______________________________. (안 먹다)

4) 

유진 씨가 영화를 보면서 ______________________________. (울다)

연 습 2 [보기]와 같이 알맞은 것을 고르세요.
Choose the correct form as shown in the example.

[보기] 스티븐 씨가 오늘 지각했어요*. 오늘 늦게 (일어나는, (일어난)) 것 같아요.

1) 아키라 씨가 시험을 잘 봤어요. 공부를 열심히 (하는, 한) 것 같아요.

2) 유진 씨는 매일 아침을 안 (먹는, 먹은) 것 같아요. 항상 점심을 일찍 먹어요.

3) 줄리앙 씨가 약속을 (잊어버리는, 잊어버린) 것 같아요. 연락도 없고 안 와요.

4) 마리코 씨는 운동을 안 해요. 운동을 (싫어하는, 싫어한) 것 같아요.

* 지각하다 to be late

문형 연습 Pattern Practice

track 11

연 습 1

[보기] **선생님**(T) 집에 어떻게 가요?
학 생(S) (버스) 버스로 가요.

1. T 친구와 어떻게 연락해요?
   S (문자) ______________________.
2. T 신청서를 어떻게 보내요?
   S (우편) ______________________.
3. T 책을 어떻게 사요?
   S (인터넷) ______________________.
4. T 친구들과 어느 나라 말로 이야기해요?
   S (한국말) ______________________.

연 습 2

[보기] **선생님**(T) 내일 은행 문을 열까요?
학 생(S) (내일은 휴일이다) 아니요, 내일은 휴일이라서 열지 않을 거예요.

1. T 지금 학생 식당에 사람이 많을까요?
   S (지금은 방학이다) ______________________.
2. T 지금 마리코 씨가 전화를 받을까요?
   S (지금은 수업 시간이다) ______________________.
3. T 지금 아키라 씨가 회사에 있을까요?
   S (이번 주가 휴가이다) ______________________.
4. T 지금 가면 기차표가 있을까요?
   S (내일이 추석이다) ______________________.

연습 3

[보기] **선생님**(T) 숙제를 내일까지 해야 돼요?
학 생(S) (금요일) 아니요, 금요일까지 하면 돼요.

1. T 이 일을 이번 주까지 끝내야 돼요?
   S (다음 주) ______________________________.
2. T 사진을 내일까지 내야 돼요?
   S (모레) ______________________________.
3. T 학교에 아홉 시까지 도착해야 돼요?
   S (열 시) ______________________________.
4. T 이메일을 오늘 밤까지 보내야 돼요?
   S (내일 밤) ______________________________.

연습 4

[보기] **선생님**(T) 나나 씨는 어디 갔어요?
학 생(S) (집에 갔다) 집에 간 것 같아요.

1. T 어디가 아프세요?
   S (감기에 걸렸다) ______________________________.
2. T 왜 교실에 사람이 없어요?
   S (수업이 일찍 끝났다) ______________________________.
3. T 영화가 언제 시작했어요?
   S (조금 전에 시작했다) ______________________________.
4. T 히엔 씨가 왜 이렇게 기분이 좋아요?
   S (시험을 잘 봤다) ______________________________.

복습 2

어휘와 문법 Vocabulary and Grammar

1. 정리하기

어휘

4과	블라우스 스웨터 양복 티셔츠 청바지 양말 넥타이 장갑 스카프 입다 쓰다 끼다 하다 신다	마음에 들다 마음에 안 들다 잘 어울리다 잘 안 어울리다 사이즈 가격 색깔 길이 좀 크다 잘 맞다 좀 작다 비싸다 싸다 밝다 어둡다 길다 짧다
5과	기간 교통편 숙소 요금 일정 항공료 숙박비 식비 입장료 여행자 보험료	항공권 왕복 편도 출발 도착 출국 날짜 귀국 날짜 좌석 일반석 비즈니스석 일등석
6과	우표를 붙이다 주소를 쓰다 봉투에 넣다 편지를 부치다[보내다] 엽서를 부치다[보내다] 소포를 포장하다 입금 출금 환전 송금 창구 현금 인출기	돈을 찾다 돈을 넣다 돈을 바꾸다 돈을 보내다 신분증 통장 도장 현금 카드 신용 카드

문법

4과	A-(으)ㄴ 것 같다 V-는 것 같다 N인 것 같다	오늘 유진 씨 기분이 좋**은 것 같아요**. 지금 밖에 비가 오**는 것 같네요**. 저 사람이 민수 씨 동생**인 것 같아요**.
	N보다	저는 여름**보다** 겨울을 더 좋아해요.
	A/V-았으면/었으면 좋겠다	크리스마스에 눈이 **왔으면 좋겠어요**.
5과	A/V-(으)ㄹ까요?	내일 날씨가 좋**을까요**?
	A/V-(으)ㄹ 거예요	나나 씨가 오늘 학교에 **올 거예요**.
	A/V-(으)니까 N(이)니까	오늘은 바쁘**니까** 내일 만납시다. 지금은 퇴근 시간**이니까** 길이 좀 막힐 거예요.
	V-고 나서	저는 항상 일기를 쓰**고 나서** 잠을 자요.
6과	N(으)로	휴대 전화**로** 사진을 찍었어요.
	N(이)라서	겨울**이라서** 산에 사람이 별로 없어요.
	'르' 불규칙	커피값이 많이 **올랐**지요?
	V-(으)면 되다	숙제는 내일까지 내**면 돼요**.
	V-(으)ㄴ 것 같다	수업이 끝**난 것 같아요**.

2. 확인하기

알아보기 **밑줄 친 부분을 맞게 고쳐 보세요.**

길이 많이 막혀서 지하철을 타세요.

→

선생님, 죄송합니다. 길이 막히니까 늦었습니다.

→

연습 **맞는 문장에는 O, 틀린 문장에는 X 하세요. 틀린 문장은 틀린 곳을 찾아 바르게 고쳐 보세요.**

1. 지금은 너무 늦었으니까 전화하지 마세요. (　　)

→ ______________________

2. 오늘은 좀 바빠서 다음에 만납시다. (　　)

→ ______________________

3. 이 책이 재미있어서 한번 보세요. (　　)

→ ______________________

4. 도와주셨으니까 감사합니다. (　　)

→ ______________________

5. A : 뭘 먹을까요?
   B : 이 식당 불고기가 맛있으니까 한번 먹어 보세요. (　　)

→ ______________________

3. 평가하기

제한 시간 20분 | 내 점수 : / 20

[1-2] 밑줄 친 것과 의미가 같은 것을 고르세요.

1. A : 소포를 보내야 하는데 우체국이 어디에 있어요?
   B : 지하철역 옆에 있어요. 저도 편지를 ( ) 하니까 같이 가요.

   ① 사야 ② 부쳐야 ③ 붙여야 ④ 포장해야

2. A : 출금을 해야 하는데 어디로 가야 해요?
   B : 저쪽 현금 인출기에서 ( ) 수 있어요.

   ① 돈을 찾을 ② 돈을 넣을 ③ 돈을 바꿀 ④ 돈을 보낼

[3-4] 밑줄 친 것과 의미가 반대되는 것을 고르세요.

3. A : 아침 8시에 부산 가는 기차를 타면 몇 시쯤 도착할까요?
   B : 아침 8시에 ( ) 12시쯤 도착할 거예요.

   ① 귀국하면 ② 왕복하면 ③ 예약하면 ④ 출발하면

4. A : 그 옷은 색깔이 너무 어두운 것 같은데 이거 어때요?
   B : 네, ( ) 색이 더 잘 어울리겠네요.

   ① 긴 ② 짧은 ③ 밝은 ④ 넓은

[5–10] (　　　)에 알맞은 것을 고르세요.

5. A : 어떤 옷이 (　　　　　　)에 드세요?
B : 이 원피스가 좋네요.

① 마음　　② 기분　　③ 생각　　④ 관심

6. A : (　　　　　　)이 좀 비싼 것 같은데 이거보다 싼 거 있어요?
B : 네, 있어요. 잠깐만 기다리세요.

① 유행　　② 가격　　③ 일정　　④ 디자인

7. A : 이 박물관에 무료로 들어갈 수 있어요?
B : 아니요, (　　　　　　)를 내야 돼요. 이천 원이에요.

① 식비　　② 숙박비　　③ 입장료　　④ 항공료

8. A : 스티븐 씨, 히엔 씨 전화번호를 아세요?
B : 네, 알아요. 문자(　　　　　　) 보내 드릴게요.

① 로　　② 에　　③ 까지　　④ 하고

9. A : 어제 산 신발을 (　　　　　　) 싶은데요. 이거보다 한 사이즈 큰 거로 주세요.
B : 아, 그러세요? 바꿔 드릴게요.

① 맡기고　　② 교환하고　　③ 환불하고　　④ 절약하고

10. A : 통장을 만들고 싶은데 (　　　　　　)이 필요해요?
B : 네, 외국인등록증이 있어야 돼요.

① 도장　　② 현금　　③ 신분증　　④ 등록금

[11–12] 틀린 문장을 고르세요.

11. ① 마음에 드는 옷을 골라 보세요.
② 이 식당 음식값이 많이 올랐어요.
③ 춤은 잘 추지만 노래는 잘 못 불어요.
④ 드라마에 나오는 사람들의 말이 너무 빨라요.

12. ① 날씨가 따뜻했으면 좋겠어요.
② 어제 저녁에 눈이 오는 것 같아요.
③ 수업 시작했으니까 조용히 하세요.
④ 어제 민수와 영화 보고 나서 차를 마셨어요.

[13-14] (　　)에 알맞은 것을 고르세요.

13. A : 히엔 씨, 스티븐 씨 출국 날짜 아세요?
B : 잘 모르겠어요. 아마 유진 씨가 (　　　　　).

① 알겠어요
② 알 거예요
③ 알면 돼요
④ 알았으면 좋겠어요

14. A : 내일 몇 시까지 학교에 가야 해요?
B : 9시까지 (　　　　　).

① 가 봤어요
② 가면 돼요
③ 갈 수 있어요
④ 갈 줄 알아요

[15-16] (　　)에 알맞은 것을 고르세요.

15. A : 어제 저녁에 왜 전화를 안 받았어요?
B : 아, 어제 (　　　　　) 영화 보러 갔어요.

① 저녁 먹으면
② 저녁 먹으니까
③ 저녁 먹으려고
④ 저녁 먹고 나서

16. A : 한국 음식이 매워서 좀 힘들지요?
B : 네, 어머니가 만드신 고향 음식을 (　　　　　) 좋겠어요.

① 먹고
② 먹으면서
③ 먹으니까
④ 먹었으면

[17-18] **다음을 읽고 질문에 답하세요.**

A : 히엔 씨, 우리 다음 주에 제주도 가는 비행기 표 예약했어요?
B : 아니요, 아직 못 했어요. 요즘 (㉠) 좀 바빴어요.
A : 그럼 제가 할게요. 다음 주 월요일 오전에 출발해서 목요일 오후에 돌아오는 표로 예약하면 되지요?
B : 네, 좋아요. 월요일 오전에 (㉡)이 없으면 오후에 출발하는 것도 괜찮아요.
A : 알겠어요. 제가 여행사에 알아보고 나서 다시 연락할게요.

17. ㉠에 알맞은 것을 고르세요.
① 시험 기간이면 ② 시험 기간이지만
③ 시험 기간이거나 ④ 시험 기간이라서

18. ㉡에 알맞은 것을 고르세요.
① 요금 ② 왕복 ③ 좌석 ④ 공연

[19-20] **다음을 읽고 질문에 답하세요.**

저는 작년에 가족과 함께 3박 4일 동안 하와이를 여행했습니다. 우리 가족은 하와이에 가는 것이 처음이라서 여행사의 패키지여행 상품을 이용했습니다. 패키지여행을 하면 숙소나 교통편을 여행사에서 다 (㉠) 편합니다. 하와이는 아주 아름답고 음식도 맛있었습니다. 여행사에서 소개해 준 호텔도 좋고 가이드도 친절했습니다. 우리는 시간이 많지 않았지만 하와이를 잘 구경할 수 있었습니다. 하와이를 처음 여행하는 사람들에게 패키지여행을 (㉡) 싶습니다.

19. ㉠에 알맞은 것을 고르세요.
① 예약해 주면 ② 예약해 주니까
③ 예약해 주지만 ④ 예약해 주고 나서

20. ㉡에 알맞은 것을 고르세요.
① 맡기고 ② 등록하고
③ 방문하고 ④ 추천하고

듣기 Listening

track 12　　내 점수 : 　　/ 15

[1-2]　잘 듣고 알맞은 그림을 고르세요.

1. ①

②

③

④

2. ①

②

③

④

[3-7] 잘 듣고 맞는 대화를 고르세요.

3. ① ② ③ ④

4. ① ② ③ ④

5. ① ② ③ ④

6. ① ② ③ ④

7. ① ② ③ ④

[8-9] 다음은 무엇에 대해 말하고 있습니까?

8. ① 교환 ② 환불 ③ 환전 ④ 예약

9. ① 계획 ② 취직 ③ 수업 ④ 귀국

[10-11] 잘 듣고 대화 내용과 같은 것을 고르세요.

10. ① 남자는 얼마 전에 '난타' 공연을 봤습니다.
② 여자는 남자에게 공연을 추천해 주었습니다.
③ 남자의 친구는 한국어를 조금 할 수 있습니다.
④ 여자는 친구와 함께 '난타' 공연을 볼 것입니다.

11. ① 남자는 물건을 팔려고 합니다.
② 여자는 텔레비전이 필요합니다.
③ 두 사람은 지금 시장에 있습니다.
④ 여자는 게시판에 광고를 붙였습니다.

[12-13] 잘 듣고 질문에 맞는 답을 고르세요.

12. 남자는 왜 은행에 갔습니까?
① 돈을 찾으려고
② 환전을 하려고
③ 요금을 내려고
④ 통장을 만들려고

13. 들은 내용과 같은 것을 고르세요.
① 여자는 은행에 온 손님입니다.
② 남자는 현금 카드를 잃어버렸습니다.
③ 남자는 신분증을 안 가지고 왔습니다.
④ 통장을 다시 만들고 싶으면 돈을 내야 합니다.

[14-15] 잘 듣고 질문에 맞는 답을 고르세요.

14. 남자는 왜 전화했습니까?
① 호텔 예약을 하려고
② 만날 약속을 하려고
③ 여행을 같이 가고 싶어서
④ 여행에 대해서 물어보려고

15. 들은 내용과 같은 것을 고르세요.
① 여자는 호텔에서 일하고 있습니다.
② 두 사람은 일본에서 만날 것입니다.
③ 남자는 5일 동안 일본을 여행하려고 합니다.
④ 여자가 소개한 호텔은 지하철역 근처에 있습니다.

읽기와 쓰기 Reading and Writing

제한 시간 20분 | 내 점수 : / 16

[1–2] 다음을 읽고 가장 관계있는 것을 고르세요.

1. 환전

① 

② 

③ 

④ 

2. 현금 O, 카드 X

① 물건을 현금으로 사면 세일해 줍니다.
② 카드로 산 물건은 환불할 수 없습니다.
③ 이 가게에서는 카드를 이용할 수 없습니다.
④ 물건을 현금이나 카드로 계산할 수 있습니다.

[3–4] 다음을 읽고 맞지 않는 것을 고르세요.

3. **항공권 예약**

날짜		출발 → 도착		항공편	좌석
가는 날	2013-01-20(일)	부산 → 제주	15:30 → 16:20	BX8115	1석
오는 날	2013-01-23(수)	제주 → 부산	11:25 → 12:15	BX8104	1석

① 이 비행기 표는 왕복표입니다.
② 부산에서 제주까지 50분쯤 걸립니다.
③ 일요일 오후에 제주도에서 출발합니다.
④ 제주도에 3박 4일 동안 있을 것입니다.

4.

아름다운 남도여행

- ■ 기　간 : 매주 토요일 06:30 출발 (1박 2일)
- ■ 교통편 : 버스
- ■ 숙　소 : ○○호텔
- ■ 요　금 : 149,000원
  (교통비, 숙박비, 여행자 보험료 포함)
- ■ 일　정 : 보길도 – 해남 땅끝마을 – 청산도
- ■ 예　약 : 2013. 2. 4. ~ 4. 28.
  02)2140-2500

① 토요일 오전에 출발합니다.
② 버스를 타고 하는 여행입니다.
③ 두 사람이 가면 삼십만 원 정도가 필요합니다.
④ 청산도를 구경하고 나서 보길도에 갈 것입니다.

[5–6] 다음을 읽고 글의 내용과 같은 것을 고르세요.

5.

오늘 친구 결혼식에 신고 갈 구두를 사러 백화점에 갔습니다. 마음에 드는 구두를 찾았는데 맞는 사이즈가 없었습니다. 직접 신어 보고 나서 사고 싶었지만 다시 백화점에 갈 시간이 없었습니다. 그래서 저한테 맞는 사이즈를 택배로 주문했습니다. 구두는 삼 일 후에 택배로 집에 도착할 것입니다. 구두가 잘 맞았으면 좋겠습니다.

① 맞는 신발이 없어서 주문했습니다.
② 오늘 친구 결혼식에 갔다 왔습니다.
③ 구두를 바꾸려고 백화점에 갔습니다.
④ 마음에 드는 신발을 찾지 못했습니다.

6.

저는 요즘 고향으로 돌아갈 준비를 하고 있습니다. 오늘 우체국에 가서 지금 필요하지 않은 겨울옷과 책을 고향에 보냈습니다. 비행기로 보내면 빠르지만 너무 비싸서 배로 부쳤습니다. 한 달 후에는 받을 수 있고 요금도 비행기보다 훨씬 싸니까 좋은 것 같습니다.

① 겨울옷과 책을 소포로 받았습니다.
② 오늘 우체국에서 선물을 보냈습니다.
③ 배로 소포를 보내면 한 달이 걸립니다.
④ 시간이 별로 없어서 비행기로 부쳤습니다.

[7-8] 다음을 읽고 질문에 답하세요.

〈 ㉠ 〉

'좋은 아버지 모임'에서 1박 2일 동안 아버지와 아들이 함께하는 캠프를 합니다. 복잡한 도시를 떠나 아름다운 자연에서 잊지 못할 시간을 만들어 보세요.

- ■ **대상 :** 초등학생 아들과 아버지(100명)
- ■ **기간 :** 2012. 5. 12.(토) ~ 5. 13.(일)
- ■ **장소 :** 경기도 가평 자연캠프장
- ■ **신청 :** 2012. 4. 2.(월) ~ 4. 21.(토)
  '좋은 아버지 모임' 홈페이지 또는 전화 02)2140-2500

7. 이 글의 제목으로 ㉠에 알맞은 것을 고르세요.
   ① 100년 전 역사 속으로
   ② 신나는 도시의 1박 2일
   ③ 친구들과 함께 떠나는 여름 캠프
   ④ 아버지와 아들의 즐거운 주말 여행

8. 이 글의 내용과 같은 것을 고르세요.
   ① 캠프는 서울에서 합니다.
   ② 약 3주 동안 캠프를 합니다.
   ③ 부모가 모두 참가할 수 있습니다.
   ④ 인터넷이나 전화로 신청하면 됩니다.

[9-10] 다음을 읽고 질문에 답하세요.

어제 고향 친구가 한국에 왔습니다. (㉠) 제 친구는 한국에 온 것이 처음인데 내일 일본으로 가야 합니다. 친구는 시간이 별로 없지만 서울 구경을 하고 싶어 했습니다. (㉡) 이 버스를 타면 서울 시내의 유명한 곳에 갈 수 있습니다. 표를 한 번 사면 아침부터 밤까지 이용할 수 있고 박물관이나 미술관 입장료도 깎아 주니까 아주 좋았습니다. (㉢) 그리고 외국어 안내 서비스가 무료라서 자세한 설명을 들으면서 구경할 수 있었습니다. (㉣) 짧은 시간이었지만 편하고 즐거운 서울 여행을 한 것 같습니다.

9. ㉠~㉣ 중에서 다음 문장이 들어갈 곳을 고르세요.

그래서 우리는 오늘 서울시티투어버스를 타고 서울 시내를 구경했습니다.

① ㉠　　② ㉡　　③ ㉢　　④ ㉣

10. '서울시티투어버스'에 대한 설명으로 맞는 것을 고르세요.
   ① 버스표를 사면 하루 동안 쓸 수 있습니다.
   ② 공항에서 서울 시내까지 다니는 버스입니다.
   ③ 외국어 안내를 받고 싶으면 돈을 내야 합니다.
   ④ 표가 있으면 박물관에 무료로 들어갈 수 있습니다.

[11–15] 빈칸에 알맞은 것을 골라 대화를 만들어 보세요.

(이)라서	-(으)니까	-고 나서
-(으)면 되다	-(으)ㄴ/는 것 같다	-았으면/었으면 좋겠다

11. A : 히엔 씨는 지금 뭐 하고 있어요?

   B : 글쎄요, ______________________________.

12. A : 언제 숙제를 할 거예요?

   B : ______________________________.

13. A : 연락처에 전화번호와 주소를 다 써야 돼요?

   B : 아니요, ______________________________.

14. A : 방학에 하고 싶은 게 뭐예요?

   B : ______________________________.

15. A : 여기서 명동까지 뭘 타고 가면 좋을까요?

   B : ______________________ 지하철을 타고 가요.

[16] 다음 글을 읽고 (　　)에 알맞은 말을 쓰세요.

저는 다른 사람들과 같이 여행하는 것보다 (　　　　　　　　) 더 좋아합니다. 혼자 여행을 하면 여행 일정을 마음대로 계획할 수 있고 생각할 수 있는 시간이 많아서 좋습니다. 그리고 여행 간 곳에서 새 친구들을 만날 수 있어서 좋습니다.

[17] **질문을 잘 읽고 200~300자로 글을 쓰세요.**

여러분은 지금까지 여행해 본 곳 중에서 어디가 제일 좋았습니까? 그곳에서 무엇을 했습니까? 좋은 점과 안 좋은 점은 무엇이었습니까? 쓰세요.

발음 Pronunciation

1. 잘 들어 보세요. track 13

1. 어**떻게** 오셨어요?
2. 등**록**금이 얼마예요?
3. 택**배**를 보내러 왔어요.

2. 잘 듣고 발음에 주의하여 읽어 보세요. track 14

1. 시험 보는 것은 **싫지**만 공부하는 것은 재미있어요.
2. 지난 주말에 종**로**에 갔어요.
3. 내일 다섯 시에 극**장** 앞에서 만나요.
4. 토요일에는 학**교**에 안 가요.

3. 친구와 연습해 보세요. track 15

1. A : 어떻게 오셨어요?
   B : 이 옷을 좀 더 큰 거로 바꿨으면 좋겠어요.
2. A : 여보세요. 이 선생님 계세요?
   B : 네, 끊지 말고 기다리세요.
3. A : 음료수는 뭐가 있어요?
   B : 종류가 많은데 뭐로 드릴까요?
4. A : 내일 몇 시까지 와야 돼요?
   B : 모임이 두 시니까 늦지 마세요.

말하기 Speaking

1. 주사위를 던져서 나온 숫자에 해당하는 질문을 읽고 친구들에게 이야기해 보세요.

우리 반 친구들은 어떤 스타일의 옷이나 신발을 좋아하는 것 같습니까?

우리 반 친구들에게 어울리는 옷에 대해서 이야기해 보세요.

한국 사람들과 여러분 나라 사람들이 좋아하는 옷 스타일은 어떻습니까?

요즘 유행하는 것은 어떤 것입니까? 비슷한 점과 다른 점을 이야기해 보세요.

여러분의 친구가 한국에서 처음 은행에 가려고 합니다.

한국에서 은행에 갈 때 알아야 할 것이 있으면 친구들에게 이야기해 주세요.

여러분의 친구가 서울에 처음 와서 서울을 구경하려고 합니다. 친구에게 서울의 구경거리, 맛있는 음식, 쇼핑할 곳 등 재미있는 여행을 추천해 주세요.

여러분 고향에서 유명한 시장은 어디입니까?

그곳에서 어떤 것들을 사면 좋습니까? 친구들에게 소개해 주세요.

요즘 사고 싶은 것이 있습니까? 왜 그것을 사고 싶습니까?

어디에서 사려고 합니까? 이야기해 보세요.

2. 우체국 직원과 손님이 되어 이야기해 보세요.

고향에 있는 친구에게 편지와 선물을 부치러 우체국에 갔습니다. 친구의 생일은 2주일 후인데 생일 전에 소포가 도착했으면 좋겠습니다.

우체국 직원입니다. 손님과 이야기해 보세요.

7 한옥마을이 어디에 있는지 아세요?

Do you know where Hanok Village is?

어 휘

- 교통
  Transportation
- 길 안내
  Giving directions

문법과 표현

- A/V-(으)ㄹ 것 같다
- V-는지 알다[모르다], N인지 알다[모르다]
- V-(으)려면
- V-다가

문형 연습

어 휘 Vocabulary

연 습 1 [보기]와 같이 그림에 맞는 단어를 골라 쓰세요.

Choose the correct word from the box and complete each label as shown in the example.

사거리　　신호등　　지하철역　　버스 정류장
택시 정류장　　지하도　　육교　　횡단보도

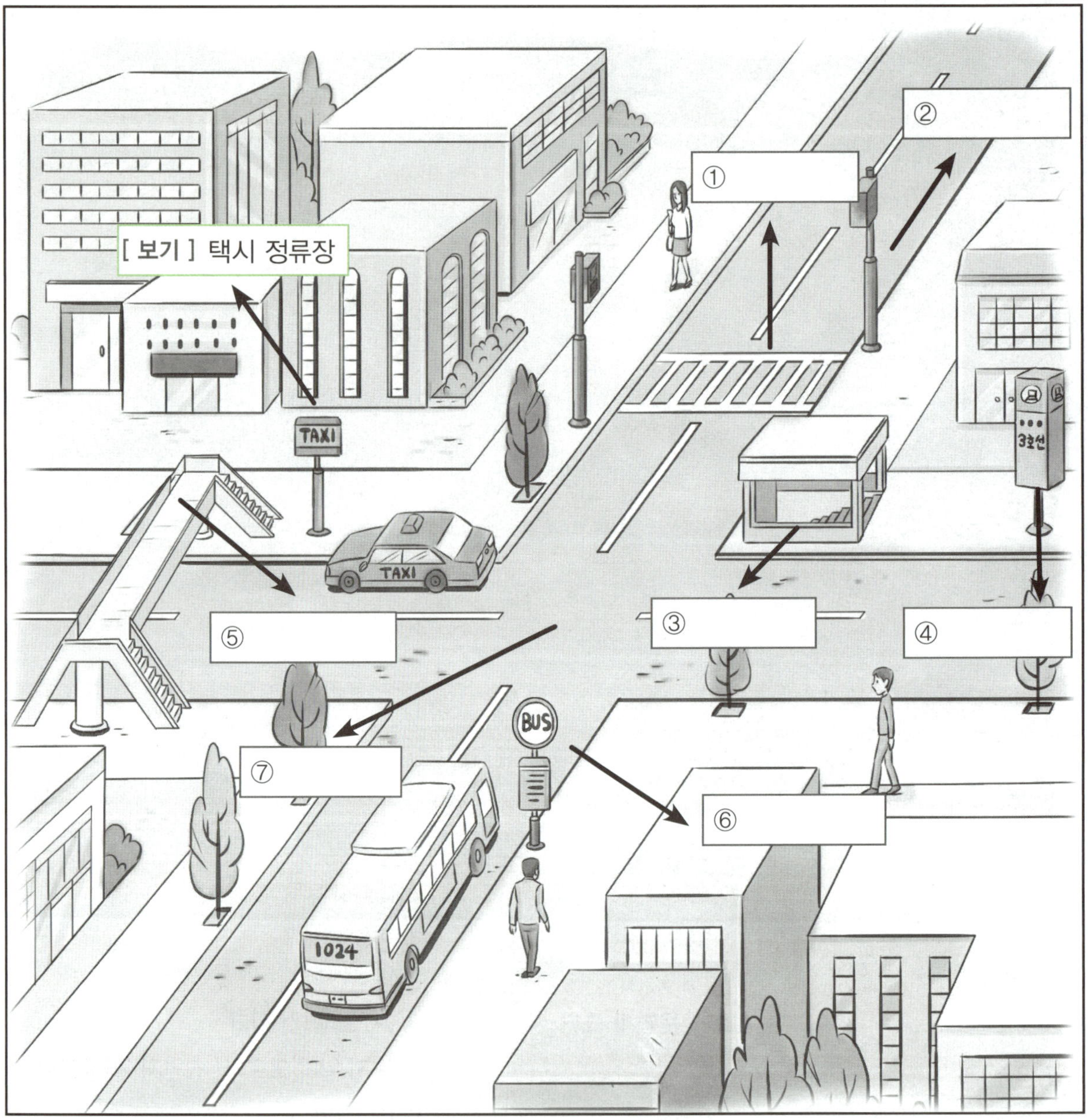

연 습 2 그림을 보고 [보기]와 같이 알맞은 것을 골라 대화를 만들어 보세요.

Look at the pictures and complete each dialogue using the word from the box as shown in the example.

왼쪽으로 돌아가다	오른쪽으로 돌아가다	나가다	건너다[건너가다]
쭉 가다	세우다	직진하다	좌회전하다	우회전하다

[보기]

A : 화장실이 어디에 있어요?

B : <u>오른쪽으로 돌아가세요</u>.

1) 

A : 이쪽으로 쭉 가면 돼요?

B : 네, ______________________________.

2) 

A : 이 근처에 우체국이 있어요?

B : 네, ____________________ 5분쯤 가면 돼요.

3) 

A : 어디에서 세워 드릴까요?

B : ______________________________.

4) 

A : 미술관이 어디에 있어요?

B : ____________________ 미술관이 있어요.

5) 

A : 어느 쪽으로 가야 돼요?

B : 저 사거리에서 ____________________.

문법과 표현 Grammar and Expression

1. A/V-(으)ㄹ 것 같다

연 습 1 [보기]와 같이 문장을 만들어 보세요.
Make each sentence as shown in the example.

[보기] 다음 주에 바쁘다 → <u>다음 주에 바쁠 것 같아요</u>.

1) 눈이 오다 → ______________________.
2) 시험이 어렵다 → ______________________.
3) 저 영화가 무섭다 → ______________________.
4) 이 바지는 나한테 좀 길다 → ______________________.
5) 민수 씨는 지금 집에 없다 → ______________________.

연 습 2 그림을 보고 [보기]와 같이 대화를 만들어 보세요.
Look at the pictures and complete each dialogue as shown in the example.

[보기]

A : 이 책이 아이들에게 좋을까요?
B : 네, <u>좋을 것 같아요</u>.

1)

A : 민수 씨가 늦을까요?
B : 네, ______________________.

2)

A : 이 영화가 재미있을까요?
B : 아니요, ______________________.

3)

A : 택시를 타는 게 빠를까요?
B : 아니요, ______________________.

4)

A : 내일도 더울까요?
B : 네, ______________________.

연 습 3 그림을 보고 [보기]와 같이 대화를 만들어 보세요.

Look at the pictures, ask each other questions, and respond as shown in the example.

[보기]

1)

2)

3)

4)

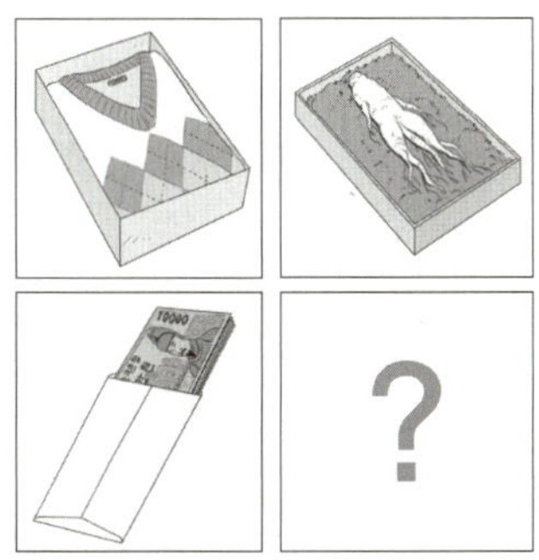

2. V-는지 알다[모르다], N인지 알다[모르다]

연 습 1 [보기]와 같이 문장을 만들어 보세요.
Make each sentence as shown in the example.

[보기] 파티에 누가 오다 → 파티에 누가 오는지 아세요?

1) 경기가 몇 시에 시작하다 → ______________________?

2) 부산까지 얼마나 걸리다 → ______________________?

3) 불고기를 어떻게 만들다 → ______________________?

4) 민수 씨가 어디에 갔다 → ______________________?

5) 교통 카드를 어디에서 살 수 있다 → ______________________?

연 습 2 [보기]와 같이 대화를 만들어 보세요.
Answer each question as shown in the example.

[보기]
A : 저 사람이 누구예요?
B : 저도 저 사람이 누구인지 잘 몰라요.

1) A : 저 가수 이름이 뭐예요?
B : ______________________.

2) A : 줄리앙 씨가 몇 살이에요?
B : ______________________.

3) A : 언어교육원 사무실이 어디예요?
B : ______________________.

4) A : 샤오밍 씨 생일이 언제예요?
B : ______________________.

5) A : 학교에서 공항까지 버스 요금이 얼마예요?
B : ______________________.

연 습 3 그림을 보고 [보기]와 같이 대화를 만들어 보세요.

Look at the pictures and complete each dialogue as shown in the example.

[보기]

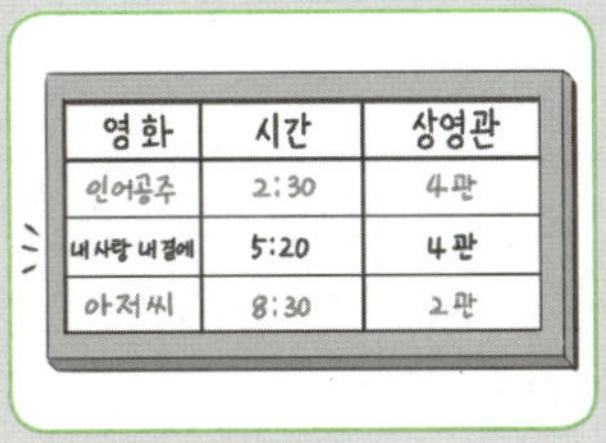

A : 영화가 몇 시에 시작하는지 아세요?

B : 네, 5시 20분에 시작해요.

1)

A : 유진 씨가 ______________________________?

B : 네, 떡볶이를 좋아해요.

2)

A : 신문을 ______________________________?

B : 네, 식당 옆에 있는 가게에서 팔아요.

3)

A : 아키라 씨가 어제 ______________________________?

B : 네, 샤오밍 씨하고 같이 공부했어요.

4)

A : 민수 씨가 어제 ______________________________?

B : 네, 감기에 걸려서 못 왔어요.

5)

A : ______________________________?

B : ______________________________.

3. V-(으)려면

연 습 1 [보기]와 같이 문장을 만들어 보세요.

Combine two sentences as shown in the example.

[보기] 명동에 가다 + 4호선을 타다

→ 명동에 가려면 4호선을 타야 해요.

1) 일찍 일어나다 + 일찍 자다 → ____________________.

2) 외국어를 잘하다 + 먼저 많이 듣다 → ____________________.

3) 비자를 받다 + 대사관에 가다 → ____________________.

4) 늦지 않다 + 지금 나가다 → ____________________.

5) 건강해지다* + 운동하다 → ____________________.

연 습 2 그림을 보고 [보기]와 같이 대화를 만들어 보세요.

Look at the pictures and answer each question as shown in the example.

[보기]

A : 인천 공항에 어떻게 가요?

B : 인천 공항에 가려면 학교 앞에서 공항버스를 타세요.

1)

A : 한국어 발음을 잘하고 싶은데 어떻게 해야 돼요?

B : ____________________.

2)
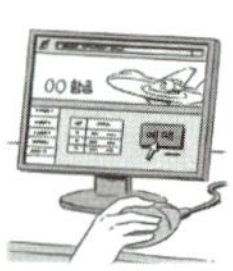

A : 비행기 표를 싸게 사고 싶은데 어떻게 하면 돼요?

B : ____________________.

3)

A : 스트레스를 풀고* 싶은데 어떻게 하면 좋을까요?

B : ____________________.

4)

A : 인터넷으로 물건을 사고 싶은데 뭐가 필요해요?

B : ____________________.

건강해지다 to become healthy 스트레스를 풀다 to release stress

연 습 3 [보기]와 같이 알맞은 것을 고르세요.

Choose the correct form as shown in the example.

[보기] 한국말을 (잘하려면 , 잘하면) 열심히 공부해야 해요.

1) 2호선을 (타려면, 타면) 시청역에 갈 수 있어요.

2) 아키라 씨를 (만나려면, 만나면) 사무실에 가면 돼요.

3) 일이 다 (끝나려면, 끝나면) 전화해 주세요.

4) 외국으로 여행을 (가려면, 가면) 여권이 필요해요.

5) 회사에 늦지 (않으려면, 않으면) 7시에 일어나야 해요.

연 습 4 알맞은 것을 골라 대화를 만들어 보세요.

Answer each question using the appropriate form from the box.

–(으)려면 –(으)려고 –(으)면

1) A : 왜 그렇게 열심히 운동해요?

B : ______________________________.

2) A : 어떻게 하면 노래를 잘할 수 있어요?

B : ______________________________.

3) A : 9시까지 공항에 가야 하는데 몇 시에 출발해야 돼요?

B : ______________________________.

4) A : 어디에 가면 고향 음식을 먹을 수 있어요?

B : ______________________________.

5) A : 왜 그렇게 일찍 집에 가세요?

B : ______________________________.

4. V-다가

연 습 1 그림을 보고 [보기]와 같이 문장을 만들어 보세요.
Look at the pictures and make sentences as shown in the example.

[보기]

숙제하다가 잤어요.

1) 

______________________________.

2) 

______________________________.

3) 

______________________________.

4) 

______________________________.

5) 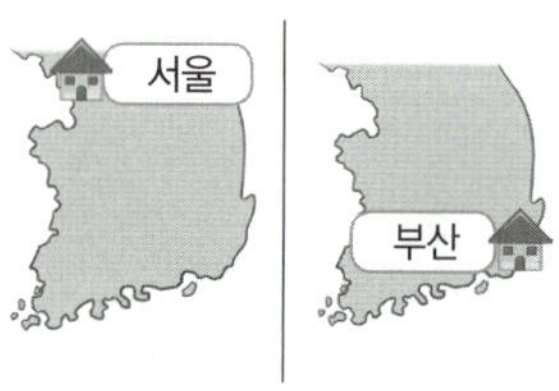

______________________________.

연 습 2

A, B, C에서 하나씩 골라 [보기]와 같이 대화를 만들어 보세요.
Select one from each group A, B, and C, and complete each dialogue as shown in the example.

[보기] A : 산 정상*까지 올라갔어요?

B : 아니요, <u>올라가다가 다리가 아파서 내려왔어요</u>.

1) A : 시험공부 다 했어요?

B : 아니요, ____.

2) A : 지금도 인천에 살아요?

B : 아니요, ____.

3) A : 요즘도 아르바이트를 해요?

B : 아니요, ____.

4) A : 왜 지하철을 탔어요?

B : ____.

5) A : 언제 김밥을 샀어요?

B : ____.

A	B	C
살다	멀다	사다
일하다	힘들다	자다
올라가다	피곤하다	그만두다*
공부하다	배고프다	내려오다
집에 가다	길이 막히다	이사하다
택시를 타고 가다	다리가 아프다	지하철을 타다

정상 summit 그만두다 to quit

문형 연습 Pattern Practice

track 16

연 습 1

[보기] 선생님(T) 날씨, 좋다
학 생(S) 날씨가 좋을 것 같아요.

1. T 비, 오다

   S ______________________________.

2. T 이 신발, 편하다

   S ______________________________.

3. T 저 책, 재미있다

   S ______________________________.

4. T 시험, 어렵다

   S ______________________________.

연 습 2

[보기] 선생님(T) 교실, 어디
학 생(S) 교실이 어디인지 아세요?

1. T 숙제, 뭐

   S ______________________________.

2. T 책값, 얼마

   S ______________________________.

3. T 지금, 몇 시

   S ______________________________.

4. T 사무실, 몇 층

   S ______________________________.

연습 3

[보기] **선생님**(T) 서울대에 가다, 지하철 2호선을 타다
학 생(S) 서울대에 가려면 지하철 2호선을 타세요.

1. T 책을 빌리다, 학생증을 만들다

   S ______________________________.

2. T 발음을 잘하다, 큰 소리로 많이 읽다

   S ______________________________.

3. T 한국말을 배우다, 언어교육원에 등록하다

   S ______________________________.

4. T 늦지 않다, 택시를 타다

   S ______________________________.

연습 4

[보기] **선생님**(T) 숙제를 하다, 자다
학 생(S) 숙제를 하다가 잤어요.

1. T 영화를 보다, 울다

   S ______________________________.

2. T 학교에 가다, 친구를 만나다

   S ______________________________.

3. T 밥을 먹다, 전화를 받다

   S ______________________________.

4. T 서울에서 살다, 부산으로 이사 가다

   S ______________________________.

8 정말 속상하겠어요
You must feel awful

어 휘

- 감정
  Emotion

문법과 표현

- A/V–겠–
- N 때문에
- V–아/어 버리다
- A/V–(으)ㄹ 때

문형 연습

어 휘 Vocabulary

연 습 1 그림을 보고 [보기]와 같이 알맞은 것을 골라 문장을 만들어 보세요.
Complete each sentence using the word from the box as shown in the example.

기분이 좋다	기쁘다	외롭다	슬프다
답답하다	창피하다	속상하다	

[보기]

한국말을 배우는데 아직 하고 싶은 말을 잘 못해요.
그래서 답답해요.

1) 

저는 겨울을 좋아해요.
그래서 눈이 오는 것을 보면 ________________________.

2) 

가고 싶은 대학교에 들어가고 장학금*도 받았어요.
그래서 ________________________.

3) 

오늘 수업 시간에 발표를 했는데 잘 못했어요.
그래서 ________________________.

4) 

방학이라서 친한 친구들이 모두 고향에 돌아갔어요.
그래서 ________________________.

5) 

슬픈 영화를 보다가 여자 친구 앞에서 울었어요.
그래서 ________________________.

6) 

어제 할머니가 돌아가셨어요.
그래서 너무 ________________________.

* 장학금 scholarship

연 습 2 [보기]와 같이 문장을 만들어 보세요.

Make each sentence as shown in the example.

[보기] 저는 친구가 거짓말을 하면* 스트레스를 받아요.

1) 저는 ______________________ 긴장돼요.

2) 저는 ______________________ 걱정돼요.

3) 저는 ______________________ 화가 나요.

4) 저는 ______________________ 짜증이 나요.

연 습 3 [보기]와 같이 문장을 만들어 보세요.

Make each sentence as shown in the example.

[보기] 저는 스트레스받는 일이 있으면 맛있는 음식을 먹어요.

1) 저는 긴장되는 일이 있으면 ______________________.

2) 저는 걱정되는 일이 있으면 ______________________.

3) 저는 화가 나는 일이 있으면 ______________________.

4) 저는 짜증 나는 일이 있으면 ______________________.

*거짓말을 하다 to tell a lie

문법과 표현 Grammar and Expression

1. A/V-겠-

연 습 1 그림을 보고 [보기]와 같이 대화를 만들어 보세요.
Look at the pictures and complete each dialogue as shown in the example.

[보기]

A : 제가 만든 케이크인데 한번 먹어 보세요.

B : <u>아주 맛있겠어요</u>.

1)

A : 오늘 아침을 못 먹고 학교에 왔어요.

B : ______________________________.

2)

A : 요즘 날씨가 추워서 어제 새 옷을 샀어요.

B : ______________________________.

3)

A : 이번 주에 이 책을 다 읽어야 돼요.

B : ______________________________.

4)

A : 이 김치찌개 한번 드셔 보세요.

B : ______________________________.

5)

A : 다음 주에 제주도에 갈 거예요.

B : ______________________________.

연 습 2 그림을 보고 [보기]와 같이 대화를 만들어 보세요.

Look at the pictures and complete each dialogue as shown in the example.

[보기]

A : 어제 우리 반 친구들이 제 생일 파티를 해 줬어요.

B : 기분이 좋았겠어요.

1)

A : 어제 다섯 시간 동안 등산했어요.

B : ____________________.

2)

A : 지난주에 번지 점프를 했어요.

B : ____________________.

3)

A : 어제 면접 시험을 봤어요.

B : ____________________.

4)

A : 친구하고 노래방에 가서 놀았어요.

B : ____________________.

5)

A : 설날 기차표를 예매하러 서울역에 갔는데 사람이 정말 많았어요.

B : ____________________.

6)

A : 오늘 아침에 중요한 서류*를 안 가져와서 집에 다시 갔다 왔어요.

B : ____________________.

*서류 document

2. N 때문에

연 습 1 그림을 보고 [보기]와 같이 대화를 만들어 보세요.
Look at the pictures and complete each dialogue as shown in the example.

[보기]

A : 어제 왜 병원에 갔어요?

B : <u>감기 때문에 갔어요</u>.

기침도 하고 열도 있었어요.

1) 

A : 어제 왜 비행기가 출발 못 했어요?

B : ______________________________.

비도 많이 오고 바람도 많이 불었어요*.

2) 

A : 왜 아직 집에 못 갔어요?

B : ______________________________.

내일까지 해야 할 일이 너무 많아요.

3) 

A : 오늘 아침에 왜 학교에 늦었어요?

B : ______________________________.

버스가 평소*보다 늦게 왔어요.

4) 

A : 왜 점심을 아직 못 먹었어요?

B : ______________________________.

회의가 조금 전에 끝났어요.

5) 

A : 어제 왜 일찍 집에 갔어요?

B : ______________________________.

집에 택배를 받아 줄 사람이 없었어요.

바람이 불다 to have the wind blow　평소 usual day

연 습 2 [보기]와 같이 대화를 만들어 보세요.

Answer each question as shown in the example.

[보기] A : 어제 뭐 때문에 결석*했어요?

B : 고향 친구 때문에 결석했어요. 친구가 한국에 와서 공항에 갔어요.

1) A : 요즘 뭐 때문에 힘들어요?

B : ______________________________.

2) A : 요즘 뭐 때문에 바빠요?

B : ______________________________.

3) A : 뭐 때문에 친구하고 싸웠어요?

B : ______________________________.

4) A : 뭐 때문에 기분이 안 좋아요?

B : ______________________________.

연 습 3 [보기]와 같이 알맞은 것을 고르세요.

Choose the correct form as shown in the example.

[보기] 어제 (날씨라서, 날씨 때문에) 산에 못 갔어요.

1) 내일은 (토요일이라서, 토요일 때문에) 학교에 안 가요.

2) 어젯밤*에 (숙제라서, 숙제 때문에) 늦게 잤어요.

3) 지난주에 (친구라서, 친구 때문에) 병원에 갔다 왔어요.

4) 내일이 (친구 생일이라서, 친구 생일 때문에) 선물을 사야 해요.

5) 오늘은 (눈이라서, 눈 때문에) 길이 많이 막혀요.

결석하다 to be absent (from school) 어젯밤 last night

3. V-아/어 버리다

연 습 1 그림을 보고 [보기]와 같이 대화를 만들어 보세요.
Look at the pictures and complete each dialogue as shown in the example.

[보기]

놓치다*

A : 왜 기차를 못 탔어요?

B : 너무 늦게 도착해서 기차를 <u>놓쳐 버렸어요</u>.

1)

가다

A : 왜 친구를 못 만났어요?

B : 제가 많이 늦어서 친구가 ________________.

2)

떠나다

A : 왜 학교에 늦었어요?

B : 정류장에 뛰어갔는데 그때 막* 버스가 ________________.

3)

먹다

A : 혹시*, 제가 사 온 피자 못 봤어요?

B : 어, 미안해요. 제가 너무 배고파서 다 ________________.

4)

실수를 하다*

A : 말하기 시험 잘 봤어요?

B : 아니요, 잘 못 봤어요. 너무 긴장돼서 ________________.

5)

돈을 다 쓰다*

A : 오늘 지갑을 안 가져왔는데 돈 좀 빌려줄 수 있어요?

B : 아, 저도 돈이 없는데 어떻게 하지요?

아까 친구 선물을 사서 ________________.

놓치다 to miss 막 just 혹시 by any chance 실수를 하다 to make mistake 돈을 쓰다 to spend money

연 습 2 그림을 보고 [보기]와 같이 대화를 만들어 보세요.

Look at the pictures and complete each dialogue as shown in the example.

[보기]

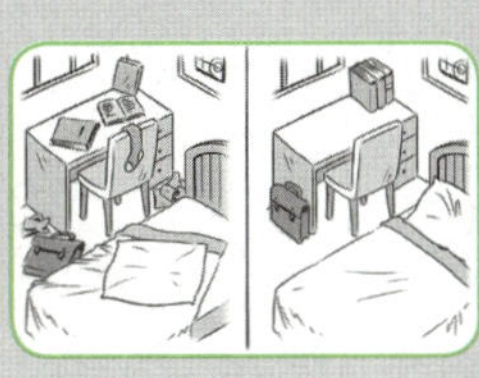

A : 방이 깨끗하네요.

B : 오랫동안* 청소를 못 했는데 어제 다 <u>해 버렸어요</u>.

1)

A : 기분이 좋은 것 같아요.

B : 네, 숙제가 많았는데 아까 다 ____________________.

2)

A : 왜 이렇게 일찍 들어와요?

B : 한 시간을 기다렸는데 친구가 안 와서 그냥 집에 ____________________.

3)

A : 저는 슬픈 일이 있으면 큰 소리로 ____________________.

B : 저도 그래요.

4)

A : 마리 씨, 머리를 잘랐네요*.

B : 네, 날씨가 너무 더워서 ____________________.

연 습 3 알맞은 단어를 골라 문장을 만들어 보세요.

Complete each sentence using the correct form of the appropriate word from the box.

잊어버리다	잃어버리다

1) 며칠 전에 가방을 ____________________ 새로 샀어요.

2) 어제 저녁에 민수 씨를 만나려고 했는데 약속을 ____________________ 못 나갔어요.

3) 여권을 ____________________ 빨리 대사관에 가야 해요.

4) 어제 학교에서 지갑을 ____________________ 오늘 찾았어요.

5) 나나 씨 책을 오늘 돌려주려고* 했는데 ____________________ 안 가져왔어요.

오랫동안 for a long time 자르다 to cut 돌려주다 to return

4. A/V-(으)ㄹ 때

연 습 1 그림을 보고 [보기]와 같이 대화를 만들어 보세요.

Look at the pictures and complete each dialogue as shown in the example.

[보기]

A : 언제 기분이 좋아요?

B : <u>고향 친구들과 전화할 때</u> 기분이 좋아요.

1)

A : 언제 즐거워요?

B : ______________________ 즐거워요.

2)

A : 언제 힘들어요?

B : ______________________ 힘들어요.

3)

A : 언제 짜증이 나요?

B : ______________________ 짜증이 나요.

4)

A : 언제 긴장돼요?

B : ______________________ 긴장돼요.

5)

A : 언제 외로워요?

B : ______________________ 외로워요.

연 습 2 그림을 보고 [보기]와 같이 문장을 만들어 보세요.

Look at the pictures and complete each sentence as shown in the example.

[보기]

기쁜 일이 있을 때 부모님께 먼저 연락해요.

1) 

_______________ 따뜻한 물을 많이 마시는 게 좋아요.

2) 

_______________ 따뜻한 우유를 마셔 보세요.

3) 

_______________ 등산화를 신으세요.

4) 

_______________ 지하철을 타세요.

5) 

_______________ 정장*을 입고 가세요.

6) 

_______________ 물을 많이 마시는 게 좋아요.

7) 

_______________ 사전에서 찾아보세요.

8) 

_______________ 전화하지 마세요.

정장 suit

문형 연습 Pattern Practice

track 17

연 습 1

[보기] **선생님**(T) 일이 많아서 잠을 못 잤어요.
학 생(S) (피곤하다) 피곤하겠네요.

1. T 내일 고향에서 가족들이 와요.
   S (기쁘다) ______________________________.
2. T 가방을 지하철에 놓고 내렸어요.
   S (속상하다) ______________________________.
3. T 친구가 아파서 병원에 있어요.
   S (걱정되다) ______________________________.
4. T 시험을 잘 봐서 장학금을 받았어요.
   S (좋다) ______________________________.

연 습 2

[보기] **선생님**(T) 왜 학교에 못 왔어요?
학 생(S) (감기) 감기 때문에 못 왔어요.

1. T 왜 운동을 못 했어요?
   S (일) ______________________________.
2. T 왜 늦었어요?
   S (버스) ______________________________.
3. T 왜 모임에 못 갔어요?
   S (숙제) ______________________________.
4. T 왜 등산을 못 했어요?
   S (날씨) ______________________________.

연 습 3

[보기] **선생님**(T) 아이스크림 남았어요?
학　생(S) (다 먹다) 아니요, 다 먹어 버렸어요.

1. T 기차 잘 탔어요?
   S (놓치다) ______________________________.
2. T 나나 씨 전화번호 알아요?
   S (잊다) ______________________________.
3. T 지금 학생증 있어요?
   S (잃다) ______________________________.
4. T 돈이 남았어요?
   S (다 쓰다) ______________________________.

연 습 4

[보기] **선생님**(T) 언제 기분이 좋아요?
학　생(S) (맛있는 음식을 먹다) 맛있는 음식을 먹을 때 기분이 좋아요.

1. T 언제 화가 나요?
   S (친구가 거짓말하다) ______________________________.
2. T 언제 외로워요?
   S (집에 혼자 있다) ______________________________.
3. T 언제 고향에 가고 싶어요?
   S (몸이 아프다) ______________________________.
4. T 언제 긴장돼요?
   S (사람들 앞에서 발표하다) ______________________________.

9 문의할 게 있는데요
I have something to inquire

어 휘

- 전화
  Telephone
- 정보
  Information

문법과 표현

- A-(으)ㄴ데요, V-는데요, N인데요
- V-는 중이다, N 중이다
- A-(으)ㄴ가요?, V-나요?, N인가요?
- N밖에

문형 연습

어 휘 Vocabulary

연 습 1 빈칸에 알맞은 단어를 골라 문장을 만들어 보세요.

Complete each sentence with the correct form of the correct verb.

걸다	받다	끊다	바꾸다

1) 통화를 다 하고 ______________ 때 뭐라고 인사해요?

2) 나나 씨에게 여러 번 전화를 ______________ 받지 않았어요.

3) 친구한테서 전화가 왔는데 수업 시간이라서 ______________ 수 없었어요.

4) 여보세요? 거기 나나 씨 집이지요? 나나 씨 좀 ______________ 주세요.

연 습 2 그림을 보고 알맞은 것을 골라 대화를 만들어 보세요.

Look at the pictures and complete each dialogue using the correct form of the correct phrase.

문자를 보내다	문자를 받다	문자를 지우다

1)

A : 나나 씨한테 내일 시험 시간 좀 알려 주세요.

B : 네, 제가 나나 씨한테 ____________________.

2)

A : 아키라 씨한테서 ____________________?

B : 네, 조금 전에 받았어요.

3)

A : 이 문자가 무슨 뜻*인지 모르겠어요.

B : 아, 이건 스팸 문자*니까 그냥 ____________________.

뜻 meaning　스팸 문자 spam text message

연 습 3 빈칸에 알맞은 단어를 골라 쓰세요.

Complete each dialogue using the correct word from the box.

대상	장소	기간	참가비	접수(하다)	문의(하다)

1) A : 저도 이 수업을 신청할 수 있어요?

   B : 네, 이 수업은 외국인을 __________로/으로 하는 수업이에요.

2) A : 신청 __________이/가 언제인지 아세요?

   B : 네, 이번 주 월요일부터 토요일까지예요.

3) A : 기숙사에 대해서 알고 싶은데 어디에 물어봐야 해요?

   B : 사무실에 가서 한번 ________________.

4) A : 농구 대회에 참가하려면 돈을 내야 돼요?

   B : 아니요, __________은/는 없어요. 신청만 하면 돼요.

5) A : 말하기 대회 __________이/가 어디인지 아세요?

   B : 네, 학생회관 1층이에요.

6) A : 언어교육원에 등록하고 싶은데 서류를 우편으로 보내면 돼요?

   B : 아니요, 우편으로 ________________ 않습니다.

문법과 표현 Grammar and Expression

1. A-(으)ㄴ데요, V-는데요, N인데요

연 습 1 그림을 보고 [보기]와 같이 대화를 만들어 보세요.
Look at the pictures and complete each dialogue as shown in the example.

[보기]

김 선생님을 만나러 오다

A : 어떻게 오셨어요?

B : <u>김 선생님을 만나러 왔는데요.</u>

A : 미리* 연락하셨어요?

B : 아니요, <u>연락 안 드렸는데요.</u>

1)

옷을 바꾸고 싶다

A : 어떻게 오셨어요?

B : ______________________________.

A : 영수증 가져오셨어요?

B : 아니요, ______________________________.

2)

통장을 만들고 싶다

A : 뭘 도와드릴까요?

B : ______________________________.

A : 도장 있으세요?

B : 아니요, ______________________________.

3)

친구 선물을 사려고 하다

A : 어떤 옷을 찾으세요?

B : ______________________________.

A : 친구 옷 사이즈 아세요?

B : 아니요, ______________________________.

4)

영화 보러 가다

A : 어디 가세요?

B : ______________________________.

A : 혼자 가세요?

B : 아니요, ______________________________.

미리 in advance

연 습 2 [보기]와 같이 대화를 만들어 보세요.

Complete each dialogue as shown in the example.

[보기]

1)

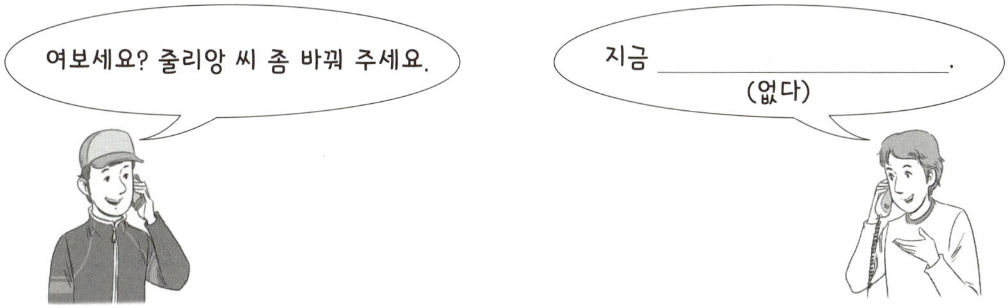

2)

3)

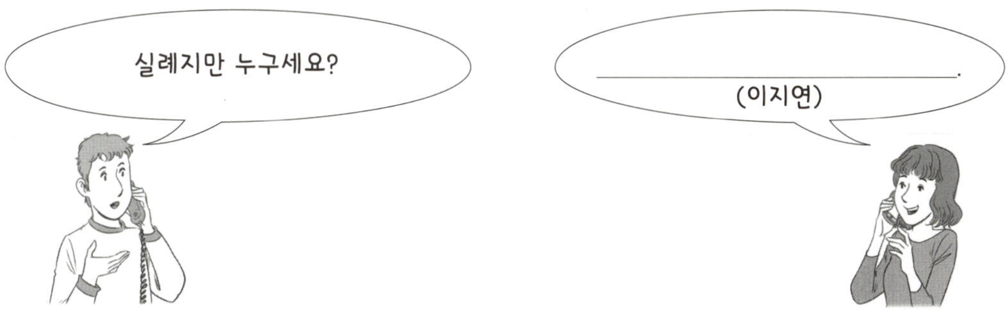

4)

부탁하다 to ask someone for a favor

2. V-는 중이다, N 중이다

연 습 1 [보기]와 같이 대화를 만들어 보세요.

Complete each dialogue as shown in the example.

[보기] A : 아까 왜 전화 안 받았어요?

B : 미안해요. 도서관에서 공부하는 중이었어요. (공부하다)

1) A : 요리 잘하세요?

B : 잘 못해요. 그래서 요즘 ________________. (배우다)

2) A : 지금 시간 괜찮으면 잠깐 통화 좀 할 수 있어요?

B : 죄송해요. 지금 ________________. 나중에 제가 전화드릴게요. (저녁을 먹다)

3) A : 지갑 찾았어요?

B : 아니요. 지금 ________________. (찾고 있다)

4) A : 제 문자 못 봤어요? 답장이 없어서 전화했어요.

B : 미안해요. 지금 ________________. (문자를 보내다)

5) A : 지금 통화 괜찮아요?

B : 지금 ________________ 이따가 제가 전화할게요. (회의하다)

6) A : 길이 왜 이렇게 막혀요?

B : 지금 ________________ 그럴 거예요. (공사하다*)

공사하다 to construct

연 습 2 그림을 보고 빈칸에 알맞은 단어를 골라 대화를 만들어 보세요.

Look at the pictures and complete each dialogue using the correct expression from the box.

수업 중	휴가 중	회의 중	공사 중
출장 중	수리* 중	외출* 중	상영* 중

1)

A : 회사 근처에 왔는데 같이 점심 먹을 수 있어요?

B : 아, 저는 지금 ________________이라서 회사에 없는데요.

2)

A : 이 길로 지나갈 수 없어요?

B : 네, 지금 ________________이라서 갈 수 없습니다.

3)

A : 영화 시작했어요?

B : 네, 손님. 지금 ________________입니다.

4)

A : 지금 ________________이니까 좀 조용히 해 주세요.

B : 네, 죄송합니다.

5)

A : 여보세요? 김민수 씨 계십니까?

B : 지금 ________________이신데요. 금요일에 돌아오십니다.

수리 repair 외출 going out 상영 screening

3. A-(으)ㄴ가요?, V-나요?, N인가요?

연 습 1 [보기]와 같이 대화를 만들어 보세요.
Complete the dialogue as shown in the example.

> [보기] A : 오늘 많이 바쁜가요?
> B : 아니요, 별로 바쁘지 않아요.

1) A : 감기에 어떤 차가 ________________?

B : 생강차*가 좋아요. 한번 드셔 보세요.

2) A : 등록하려면 뭐가 ________________?

B : 여권과 사진이 필요해요.

3) A : 김치가 ________________?

B : 네, 조금 매운데요.

4) A : 집이 여기에서 ________________?

B : 아니요, 멀지 않아요. 걸어서 갈 수 있어요.

5) A : 수업 끝나고 약속이 ________________?

B : 네, 있어요. 친구 만나러 가야 돼요.

6) A : 영화가 몇 시에 ________________?

B : 두 시에 시작해요.

7) A : 여기서 사물놀이를 배우려면 돈을 ________________?

B : 아니요, 무료로 배울 수 있어요.

8) A : 켈리 씨에게 ____________________?

B : 네, 해 봤는데 전화를 안 받아요.

생강차 ginger tea

연 습 2 [보기]와 같이 대화를 만들어 보세요.

Complete each dialogue as shown in the example.

[보기]	A : 여기가 어디인가요? B : 도서관이에요.

1) A : 수업 시작 시간이 ______________________?

B : 9시예요.

2) A : 생일이 ______________________?

B : 10월 25일이에요.

3) A : 오늘이 ______________________?

B : 목요일이에요.

4) A : 이 악기*의 이름이 ______________________?

B : 장구*예요.

5) A : 이분은 ______________________?

B : 우리 아버지세요.

연 습 3 [보기]와 같이 대화를 만들어 보세요.

Complete each dialogue as shown in the example.

[보기]	A : 학교에서 집까지 가까운가요? B : 네, 걸어서 10분쯤 걸려요.

1) A : ____?

B : 네, 아주 좋아해요.

2) A : ____?

B : 아니요, 잘 못해요.

3) A : ____?

B : 아니요, 몰라요.

4) A : ____?

B : 네, 물론이지요*.

악기 musical instrument 장구 double-headed Korean traditional drum with a narrow middle 물론이다 to be sure

4. N밖에

연 습 1 그림을 보고 [보기]와 같이 대화를 만들어 보세요.
Look at the pictures and complete each dialogue as shown in the example.

[보기]

A : 어제 시험 잘 봤어요?

B : 네, <u>한 개밖에 안 틀렸어요*</u>.

1)

A : 주스 있어요?

B : 아니요, ____________________.

2)

A : 친구들 모두 왔어요?

B : 아니요, ____________________.

3)

A : 저 사람 전화번호 알아요?

B : 아니요, ____________________.

4)

A : 만 원만 빌려주세요.

B : 미안해요. 저도 ____________________.

5)

A : 아침 먹었어요?

B : 아니요, 시간이 없어서 ____________________.

6)

A : 부모님께 자주 전화해요?

B : 아니요, ____________________.

* 틀리다 to be wrong

연 습 2 [보기]와 같이 이야기하고 써 보세요.

Interview your classmates and create sentences as shown in the example.

[보기]

질문 \ 이름	나	________	________
[보기] 어제 잔 시간	3시간		
1) 지금 지갑에 있는 돈			
2) 할 줄 아는 외국어			
3) 학교에서 집까지 걸리는 시간			
4) 한국에서 가 본 곳			
5)			

[보기] 저는 어제 세 시간밖에 못 잤어요.

1) ____.

2) ____.

3) ____.

4) ____.

5) ____.

문형 연습 Pattern Practice

track 18

연 습 1

[보기] 선생님(T) 어떻게 오셨어요?
학 생(S) (옷을 바꾸다) 옷을 바꾸러 왔는데요.

1. T 어떻게 오셨어요?

   S (소포를 보내다) ______________________.

2. T 어떻게 오셨어요?

   S (김 선생님을 만나다) ______________________.

3. T 어떻게 오셨어요?

   S (학생증을 찾다) ______________________.

4. T 어떻게 오셨어요?

   S (통장을 만들다) ______________________.

연 습 2

[보기] 선생님(T) 김민수 씨 좀 바꿔 주세요.
학 생(S) (출장) 지금 출장 중인데요.

1. T 아키라 씨와 통화할 수 있을까요?

   S (회의) ______________________.

2. T 나나 씨 있어요?

   S (통화) ______________________.

3. T 이 선생님 계세요?

   S (수업) ______________________.

4. T 김민수 씨 좀 부탁합니다.

   S (휴가) ______________________.

연습 3

[보기] **선생님**(T) 기차가 몇 시에 도착해요?
학　생(S) 기차가 몇 시에 도착하나요?

1. T 내일 학교에 가요?
   S ____?
2. T 밖에 비가 와요?
   S ____?
3. T 어떤 책을 읽고 있어요?
   S ____?
4. T 기숙사에 살아요?
   S ____?

연습 4

[보기] **선생님**(T) 어제 공부 많이 했어요?
학　생(S) (한 시간) 아니요, 한 시간밖에 안 했어요.

1. T 교실에 사람이 많이 왔어요?
   S (세 명) ____.
2. T 어제 많이 잤어요?
   S (네 시간) ____.
3. T 커피를 많이 마셨어요?
   S (한 잔) ____.
4. T 한국 영화 많이 봤어요?
   S (두 번) ____.

복습 3

어휘와 문법 Vocabulary and Grammar

1. 정리하기

어휘

7과	사거리 신호등 지하철역 버스 정류장 택시 정류장 지하도 육교 횡단보도	쭉 가다 왼쪽으로 돌아가다 오른쪽으로 돌아가다 나가다 건너다[건너가다] 세우다 직진하다 좌회전하다 우회전하다
8과	기분이 좋다 기분이 나쁘다 기쁘다 슬프다 즐겁다 외롭다 창피하다 속상하다 답답하다	긴장되다 걱정되다 화(가) 나다 짜증이 나다
9과	전화를 걸다 전화가 오다 전화를 받다 전화를 바꾸다 통화를 하다 전화를 끊다 문자를 보내다 문자를 받다 문자를 지우다	대상 장소 기간 참가비 접수 문의

문법

7과	A/V-(으)ㄹ 것 같다	내일은 비가 **올 것 같아요**.
	V-는지 알다[모르다] N인지 알다[모르다]	나나 씨가 무슨 음식을 좋아하**는지 아세요**? 스티븐 씨 생일이 언제**인지 모르겠어요**.
	V-(으)려면	김 선생님을 만나**려면** 사무실로 가 보세요.
	V-다가	밥을 먹**다가** 전화를 받았어요.
8과	A/V-겠-	스티븐 씨, 시험을 잘 봐서 기분이 좋**겠**어요.
	N 때문에	날씨 **때문에** 비행기가 출발 못 했어요.
	V-아/어 버리다	동생이 남은 음식을 다 먹**어 버렸어요**.
	A/V-(으)ㄹ 때	몸이 아**플 때** 가족 생각이 많이 나요.
9과	A-(으)ㄴ데요 V-는데요 N인데요	신발이 좀 작**은데요**. 저는 지금 기숙사에 사**는데요**. 저는 서울대학교 학생**인데요**.
	V-는 중이다 N 중이다	지금 친구를 기다리**는 중이에요**. 지금 수업 **중이니까** 조용히 해 주세요.
	A-(으)ㄴ가요? V-나요? N인가요?	지금 도서관에 사람이 많**은가요**? 요리 수업을 신청하려면 어떻게 해야 하**나요**? 이 책은 누구 책**인가요**?
	N밖에	시간이 삼십 분**밖에** 안 남았으니까 서두르세요.

2. 확인하기

알아보기 밑줄 친 부분을 맞게 고쳐 보세요.

오늘은 일요일 때문에 극장에 표가 없어요.

→

어제 감기라서 공부를 많이 못 했습니다.

→

연습 맞는 문장에는 O, 틀린 문장에는 X 하세요. 틀린 문장은 틀린 곳을 찾아 바르게 고쳐 보세요.

1. 아침에 먹은 음식 때문에 배가 아파요. (　　)

→

2. 요즘 시험 기간이라서 도서관에 자리가 없어요. (　　)

→

3. 지금 방학 때문에 학교에 사람이 별로 없어요. (　　)

→

4. 저는 외국 사람 때문에 한국말을 잘 못해요. (　　)

→

5. A : 여기에서 명동에 가려면 어떻게 가야 돼요?
   B : 저도 처음이라서 잘 모르겠는데요. (　　)

→

3. 평가하기

제한 시간 20분 | 내 점수 : / 20

[1-2] 밑줄 친 것과 의미가 같은 것을 고르세요.

1. A : 김민수 씨한테 <u>전화해</u> 봤어요?
   B : 아까 전화를 ( ) 봤는데 통화 중이었어요.

   ① 받아 ② 전해 ③ 끊어 ④ 걸어

2. A : 여기에서 <u>가까운 곳</u>에 꽃집이 있어요?
   B : 아니요. 이 ( )에는 꽃집이 없어요.

   ① 근처 ② 거리 ③ 종점 ④ 광장

[3-4] 밑줄 친 것과 의미가 반대되는 것을 고르세요.

3. A : 여기에서 <u>오른쪽으로 돌아가요</u>?
   B : 아니요. ( ) 돼요.

   ① 직진해야 ② 올라가야 ③ 건너가야 ④ 좌회전해야

4. A : 샤오밍 씨는 <u>스트레스를 받으면</u> 어떻게 해요?
   B : 저는 농구를 하면서 스트레스를 ( ).

   ① 줘요 ② 써요 ③ 풀어요 ④ 버려요

[5-10] (　　)에 알맞은 것을 고르세요.

5. A : 여기에서 지하철역까지 (　　　　　　　　) 가야 해요?
B : 아니요, 5분 정도만 걸어가면 돼요.

① 잠깐　② 한참　③ 나중에　④ 천천히

6. A : 나나 씨, 이 단어 알아요?
B : 뜻은 아는데 (　　　　　　　　) 발음하는지 잘 모르겠어요.

① 무슨　② 무엇을　③ 얼마나　④ 어떻게

7. A : 단어 외우는 것이 힘들지요?
B : 네, 배운 단어가 잘 생각나지 않을 때 정말 (　　　　　　　　).

① 기뻐요　② 외로워요　③ 답답해요　④ 즐거워요

8. A : 어디에서 내려 드릴까요?
B : 학교 정문 앞에서 (　　　　　　　　) 주세요.

① 세워　② 바꿔　③ 건너　④ 나가

9. A : 요리 수업에 대해서 (　　　　　　　　) 게 있어서 전화했는데요.
B : 네, 말씀하세요.

① 통역할　② 접수할　③ 문의할　④ 가입할

10. A : 줄리앙 씨, 오늘 말하기 대회가 있지요? 기분이 어때요?
B : 많은 사람들 앞에서 발표해야 하니까 너무 (　　　　　　　　).

① 고장이 나요　② 긴장이 돼요　③ 운이 없어요　④ 마음에 들어요

[11-12] 틀린 문장을 고르세요.

11. ① 내년에는 기숙사에 살 것 같아요.
② 오늘 아침 10시에는 회의한 중이었어요.
③ 유진 씨가 어제 잠을 잘 못 잔 것 같아요.
④ 어제 아침에 늦어서 기차를 놓쳐 버렸어요.

12. ① 감기 때문에 집에서 쉬세요.
② 저분 성함이 어떻게 되는지 아세요?
③ 선생님을 만나려면 사무실로 가세요.
④ 어제 학교에 오다가 친구를 만났어요.

[13-14] (　　)에 알맞은 것을 고르세요.

13. A : 오늘 수업 끝나면 콘서트 보러 갈 거예요.
B : 아, 그래요? (　　　　　　).

① 재미있네요
② 재미있는데요
③ 재미있겠어요
④ 재미있는 것 같아요

14. A : 마리코 씨 생일 선물로 요리책이 어때요?
B : 좋은 생각이에요. 마리코 씨 취미가 요리니까 (　　　　　　).

① 좋아하면 돼요
② 좋아할 것 같아요
③ 좋아하는지 알아요
④ 좋아했으면 좋겠어요

[15-16] (　　)에 알맞은 것을 고르세요.

15. A : 통장을 (　　　　　　) 뭐가 필요해요?
B : 신분증하고 도장이 있어야 돼요.

① 만들면
② 만들고
③ 만들려면
④ 만들려고

16. A : 숙제 다 했어요?
B : 아니요, (　　　　　　) 피곤해서 그냥 잤어요.

① 숙제하다가
② 숙제하지만
③ 숙제하려고
④ 숙제하거나

[17-18] **다음을 읽고 질문에 답하세요.**

A : 실례지만 하나병원이 어디에 있습니까?
B : 3번 출구로 나가면 돼요.
A : 3번 출구에서 (㉠)?
B : 아니요, 가까워요. 5분쯤 가면 병원이 (㉡).

17. ㉠에 알맞은 것을 고르세요.
① 먼가요 ② 보나요 ③ 가나요 ④ 짧은가요

18. ㉡에 알맞지 않은 것을 고르세요.
① 있어요 ② 보여요 ③ 나와요 ④ 만나요

[19-20] **다음을 읽고 질문에 답하세요.**

오늘 친구가 사는 춘천에 다녀왔습니다. 친구도 만나고 그 친구가 다니는 대학교도 구경하러 갔습니다. 서울에서 춘천까지 전철을 타고 갔는데 한 시간 삼십 분밖에 (㉠). 우리는 함께 점심을 먹고 이야기를 했습니다. 그동안 자주 연락을 못 해서 친구가 어떻게 (㉡) 잘 몰랐는데 요즘 공부 때문에 많이 힘든 것 같습니다. 앞으로 시간을 내서 친구를 자주 만나러 갈 생각입니다.

19. ㉠에 알맞은 것을 고르세요.
① 없었습니다 ② 멀지 않습니다
③ 걸린 것 같습니다 ④ 걸리지 않았습니다

20. ㉡에 알맞은 것을 고르세요.
① 아는지 ② 지내는지
③ 이해하는지 ④ 연락하는지

듣기 Listening

track 19 내 점수 : / 15

[1-2] 잘 듣고 알맞은 그림을 고르세요.

1. ①

②

③

④

2. ①

②

③

④

[3-7] 잘 듣고 맞는 대화를 고르세요.

3. ① ② ③ ④

4. ① ② ③ ④

5. ① ② ③ ④

6. ① ② ③ ④

7. ① ② ③ ④

[8-9] 다음은 무엇에 대해 말하고 있습니까?

8. ① 일정 ② 장소 ③ 여행 ④ 교통편

9. ① 공연 배우 ② 공연 시간 ③ 공연 장소 ④ 공연 날짜

[10-11] 잘 듣고 대화 내용과 같은 것을 고르세요.

10. ① 지금 은행은 문을 닫았습니다.
② 은행은 지하철역 옆에 있습니다.
③ 여자는 지금 은행에 가야 합니다.
④ 은행까지 택시로 십 분쯤 걸립니다.

11. ① 여자는 약속 시간에 늦었습니다.
② 4번 출구 근처에 빵집이 있습니다.
③ 남자는 지금 지하철을 타려고 합니다.
④ 두 사람은 빵집 앞에서 만날 것입니다.

[12-13] 잘 듣고 질문에 맞는 답을 고르세요.

12. 여자는 왜 전화를 했습니까?
   ① 문의하려고
   ② 주문하려고
   ③ 예약하려고
   ④ 약속하려고

13. 들은 내용과 같지 않은 것을 고르세요.
   ① 참가비는 이만 원입니다.
   ② 돈은 월요일까지 내면 됩니다.
   ③ 이 수업은 다음 주에 시작합니다.
   ④ 전화나 인터넷으로 신청할 수 있습니다.

[14-15] 잘 듣고 질문에 맞는 답을 고르세요.

14. 들은 내용과 같은 것을 고르세요.
   ① 두 사람은 전화를 하고 있습니다.
   ② 남자는 오늘 발표를 해야 합니다.
   ③ 여자는 지금 노트북이 필요합니다.
   ④ 여자는 남자 때문에 화가 났습니다.

15. 두 사람은 이제 무엇을 할 것입니까?
   ① 집에 돌아갈 것입니다.
   ② 노트북을 사러 갈 것입니다.
   ③ 동생에게 전화를 할 것입니다.
   ④ 같이 발표 준비를 할 것입니다.

읽기와 쓰기 Reading and Writing

제한 시간 20분 | 내 점수 : / 16

[1–2] 다음을 읽고 가장 관계있는 것을 고르세요.

1. 횡단보도

① 
② 
③ 
④ 

2. 공사 중
돌아가세요

① 공사를 하고 있어서 조심해야 합니다.
② 공사하는 곳에 가려면 돌아가야 합니다.
③ 공사 중이니까 천천히 운전해야 합니다.
④ 공사 때문에 이 길로 지나갈 수 없습니다.

[3–4] 다음을 읽고 맞지 <u>않는</u> 것을 고르세요.

3.

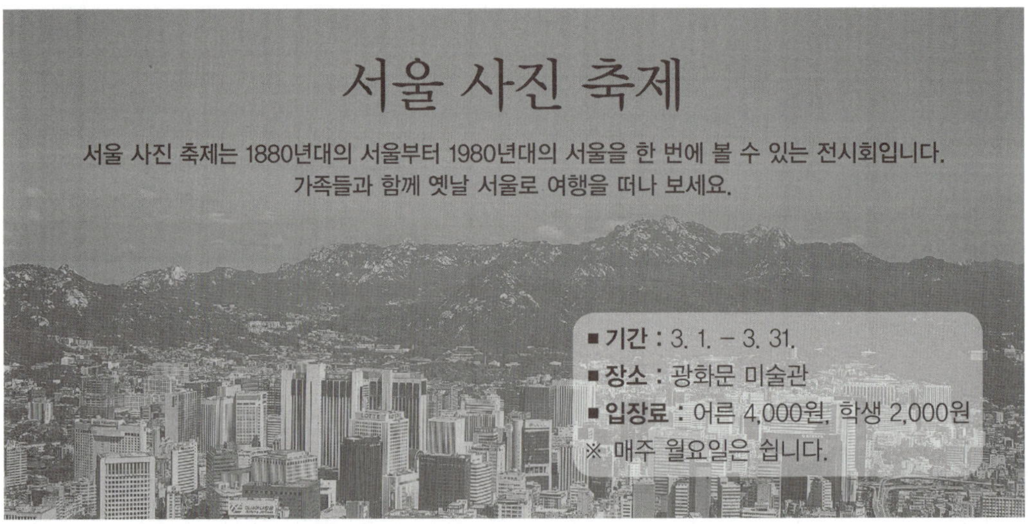

① 전시회는 한 달 동안 합니다.
② 주말에는 전시회를 하지 않습니다.
③ 학생은 어른 요금의 반값으로 볼 수 있습니다.
④ 이곳에 가면 옛날 서울의 사진을 볼 수 있습니다.

4.

저희 두 사람이 사랑으로 결혼하는 자리에
초대하고 싶습니다. 바쁘시겠지만 오셔서
축하해 주시면 감사하겠습니다.

- **일시** : 2012년 3월 17일 일요일 오후 1시
- **장소** : 사랑웨딩홀
- **교통편** : 2호선 강남역 3번 출구 앞
  438, 643, 5538, 6011

① 결혼식은 일요일 오후에 합니다.
② 결혼식 초대에 감사하는 글입니다.
③ 교통편은 지하철과 버스가 있습니다.
④ 결혼식에 가려면 강남역에서 내려야 합니다.

[5-6] 다음을 읽고 글의 내용과 같은 것을 고르세요.

5.

어제 학교에 가다가 지갑을 잃어버렸습니다. 지갑에는 돈과 신분증 그리고 다른 중요한 것들이 많이 있습니다. 제가 세 살 때 찍은 가족사진도 있는데 그 사진은 한 장밖에 없어서 꼭 찾고 싶습니다. 그래서 학교 게시판에 지갑을 찾는 광고를 붙였는데 아직 연락이 없어서 속상합니다.

① 잃어버린 지갑에 돈은 없었습니다.
② 어제 학교에서 지갑을 잃어버렸습니다.
③ 지갑을 찾으려고 글을 써서 붙였습니다.
④ 신분증을 다시 만들 수 없어서 속상합니다.

6.

서울은 우리 고향보다 훨씬 크고 길도 복잡해서 처음에는 길을 찾는 것이 좀 힘들었습니다. 전에 친구와 강남역에서 약속을 했는데 길을 잃어버려서 한 시간 늦었습니다. 그때 나는 휴대폰이 없어서 친구에게 연락할 수도 없었습니다. 한 시간 늦게 약속 장소에 도착했는데 친구는 나를 걱정하면서 계속 기다리고 있었습니다. 그래서 친구에게 너무 미안했습니다. 그 다음부터 약속이 있으면 항상 일찍 나갑니다.

① 나의 고향은 서울과 비슷합니다.
② 친구가 나를 기다리다가 가 버렸습니다.
③ 친구에게 전화를 걸었는데 받지 않았습니다.
④ 나는 약속 시간보다 한 시간 늦게 도착했습니다.

[7-8] 다음을 읽고 질문에 답하세요.

〈 ㉠ 〉안내

남산 한옥마을에서 한국 문화를 알고 싶은 외국인을 위한 문화 체험을 준비했습니다. 이번 행사에 오시면 한국 전통 놀이도 할 수 있고 한국의 전통 결혼식도 보실 수 있습니다. 그리고 미리 신청을 하시면 직접 비빔밥도 만들어 보실 수 있습니다. 모두 무료이니 많은 참가 바랍니다.

• 기간 : 3월 16일(토) – 17일(일)
• 신청 기간 : 3월 1일(목) – 3월 10일(일)
• 신청 방법 : 인터넷 접수

7. ㉠에 들어갈 알맞은 것을 고르세요.

① 전통 결혼식 일정 ② 문화 체험 프로그램
③ 전통 음식 체험 ④ 남산 한옥마을 오는 방법

8. 이 글의 내용과 같은 것을 고르세요.

① 이 프로그램은 10일 동안 합니다.
② 문화 체험을 하려면 참가비를 내야 합니다.
③ 여기에서 직접 전통 결혼식을 할 수 있습니다.
④ 미리 신청한 사람만 비빔밥을 만들 수 있습니다.

[9-10] 다음을 읽고 질문에 답하세요.

여러분, 웃음 운동을 아세요? 웃음 운동은 하루에 여러 번 시간을 내서 웃는 것을 말합니다. 여러 사람이 모여서 같이 웃으면 더 좋습니다. (㉠) 사람들은 보통 기쁜 일이 있을 때나 재미있는 것을 보면 웃습니다. (㉡) 하지만 기쁜 일이 없을 때도 한번 웃어 보세요. (㉢) 이유가 없는데 그냥 웃는 것이 처음에는 좀 힘들 것입니다. 하지만 큰 소리로 웃는 것은 5분 동안 운동을 한 것과 비슷하고 건강에도 좋습니다. (㉣) 웃는 것보다 더 쉽게 스트레스 푸는 방법은 아마 없을 것입니다.

9. ㉠~㉣ 중에서 다음 문장이 들어갈 곳을 고르세요.

그래서 병원에서도 아픈 사람들에게 웃음 운동을 추천하고 있습니다.

① ㉠ ② ㉡ ③ ㉢ ④ ㉣

10. 이 글의 내용과 같은 것을 고르세요.
   ① 크게 자주 웃는 것이 건강에 좋습니다.
   ② 웃음 운동은 웃으면서 운동하는 것입니다.
   ③ 이유가 없을 때 웃는 것은 건강에 좋지 않습니다.
   ④ 아픈 사람들은 너무 크게 웃지 않는 것이 좋습니다.

[11–15] 빈칸에 알맞은 것을 골라 대화를 만들어 보세요.

–(으)ㄹ 것 같다	–다가	–(으)려면
때문에	밖에	중이다

11. A : 지금 극장에 가면 표를 살 수 있을까요?

   B : ______________________________.

12. A : 왜 숙제를 다 못 했어요?

   B : ______________________________.

13. A : 강남역까지 빨리 가야 하는데 뭘 타고 가면 좋아요?

   B : ______________________________.

14. A : 어제 많이 잤어요?

   B : 아니요, ______________________________.

15. A : 어제 왜 산에 못 갔어요?

   B : ______________________________.

[16] 다음 글을 읽고 (　　)에 알맞은 말을 쓰세요.

'한국 음식'이라고 하면 먼저 김치의 매운맛이 생각납니다. 하지만 한국 음식은 잡채, 불고기, 삼계탕 등 (　　　　　　　　) 것도 많습니다. 특히 삼계탕은 건강에도 좋고 맛있어서 매운 음식을 못 먹는 외국인들도 좋아합니다.

[17] **질문을 잘 읽고 200~300자로 글을 쓰세요.**

여러분의 한국 생활은 어떻습니까? 무엇이 재미있습니까? 무엇 때문에 힘듭니까? 쓰세요.

발음 Pronunciation

1. 잘 들어 보세요. track 20

1. 아이가 매운 음식을 잘 먹네요.
2. 이 근처에 병원이 있나요?
3. 강남역 앞에서 만나요.

2. 잘 듣고 발음에 주의하여 읽어 보세요. track 21

1. 한국말을 배우는 외국 사람들이 많아요.
2. 수업이 끝나면 전화해 주세요.
3. 저는 걷는 것을 좋아해요.
4. 무슨 좋은 일 있어요?

3. 친구와 연습해 보세요. track 22

1. A : 취미가 뭐예요?
   B : 저는 사진 찍는 게 취미예요.
2. A : 저는 음악 듣는 것을 좋아해요.
   B : 저도 좋아해요.
3. A : 무슨 일로 오셨어요?
   B : 김 선생님을 만나고 싶은데요.
4. A : 은행 문을 몇 시에 닫나요?
   B : 네 시에 닫아요.

말하기 Speaking

1. 주사위를 던져서 나온 숫자에 해당하는 질문을 읽고 친구들에게 이야기해 보세요.

학교에서 집까지 가는 방법을 설명해 주세요.

한국에서 가 본 곳 중에서 어디가 제일 좋았습니까? 그곳에 가는 방법과 그곳에서 무엇을 할 수 있는지 소개해 주세요.

어떻게 하면 외국어를 쉽고 재미있게 배울 수 있습니까? 친구들에게 이야기해 주세요.

요즘 본 공연이 있습니까? 친구들에게 추천하고 싶은 공연이 있으면 소개해 주세요.

친구가 여러분 나라에 여행 가려고 합니다. 친구가 꼭 알아야 하는 것이 있습니까? 무엇을 준비해야 하는지 알려 주세요.

고향 친구가 한국에 여행을 옵니다. 친구가 꼭 알아야 하는 것이 있습니까? 한국에 오는 친구가 무엇을 준비하는 게 좋은지 알려 주세요.

2. A와 B가 되어 이야기해 보세요.

친구가 요즘 한국어 공부 때문에 스트레스를 많이 받은 것 같습니다.

친구를 만나서 스트레스를 풀어 주고 싶습니다.

저는 요즘 시험 때문에 기분이 안 좋습니다.

시험공부를 열심히 했지만 점수가 나쁩니다.

그런데 친구가 전화를 했습니다.

듣기 지문 Listening Scripts

복습 1

[1–2]
track 5 p.61

1. 남 : 처음 뵙겠습니다. 저는 스티븐입니다.
 여 : 만나서 반가워요. 저는 나나라고 해요.
2. 여 : 줄리앙 씨, 이번 주말에 뭐 하세요?
 남 : 다음 주에 시험이 있어서 공부해야 돼요. 켈리 씨는요?
 여 : 저는 동호회 사람들과 같이 등산 갈 거예요.

[3–4]
p.62

3. ① 남 : 실례지만 성함이 어떻게 되세요?
 여 : 처음 뵙겠습니다.
 ② 남 : 실례지만 성함이 어떻게 되세요?
 여 : 중국에서 왔어요.
 ③ 남 : 실례지만 성함이 어떻게 되세요?
 여 : 저는 김지연이라고 합니다.
 ④ 남 : 실례지만 성함이 어떻게 되세요?
 여 : 한국어를 공부하고 있어요.
4. ① 여 : 샤오밍 씨는 취미가 뭐예요?
 남 : 별로 잘 못 그려요.
 ② 여 : 샤오밍 씨는 취미가 뭐예요?
 남 : 그림 그리는 거예요.
 ③ 여 : 샤오밍 씨는 취미가 뭐예요?
 남 : 그림을 그리고 싶어요.
 ④ 여 : 샤오밍 씨는 취미가 뭐예요?
 남 : 시간이 없어서 자주 못 그려요.
5. ① 남 : 히엔 씨는 얼마 동안 한국어를 공부했어요?
 여 : 네, 공부해 봤어요.
 ② 남 : 히엔 씨는 얼마 동안 한국어를 공부했어요?
 여 : 아니요, 한국어를 할 줄 몰라요.
 ③ 남 : 히엔 씨는 얼마 동안 한국어를 공부했어요?
 여 : 세 달 배웠는데 아직 잘 못해요.
 ④ 남 : 히엔 씨는 얼마 동안 한국어를 공부했어요?
 여 : 한국어를 배우려고 한국에 왔어요.
6. ① 여 : 시간이 나면 보통 뭘 하세요?
 남 : 좋아요. 나중에 같이 가요.
 ② 여 : 시간이 나면 보통 뭘 하세요?
 남 : 미안해요. 오늘 시간이 안 나요.
 ③ 여 : 시간이 나면 보통 뭘 하세요?
 남 : 오늘 수업 끝나고 모임이 있어요.
 ④ 여 : 시간이 나면 보통 뭘 하세요?
 남 : 운동을 하거나 컴퓨터 게임을 해요.
7. ① 남 : 이번 주말에 이사해야 하는데 좀 도와줄 수 있어요?
 여 : 그럼요, 할 줄 알아요.
 ② 남 : 이번 주말에 이사해야 하는데 좀 도와줄 수 있어요?
 여 : 그래요? 이사한 집이 어디예요?
 ③ 남 : 이번 주말에 이사해야 하는데 좀 도와줄 수 있어요?
 여 : 괜찮아요. 다른 친구에게 물어볼게요.
 ④ 남 : 이번 주말에 이사해야 하는데 좀 도와줄 수 있어요?
 여 : 이번 주말에는 약속이 있는데 어떻게 하지요?

[8–9]
p.62

8. 여 : 아키라 씨는 운동하는 거 좋아해요?
 남 : 네, 저는 매일 아침 수영하러 가요.
9. 남 : 히엔 씨는 아르바이트를 해 봤어요?
 여 : 네, 지난겨울에 백화점에서 일했는데 재미있었어요.

[10–11]
p.62

10. 남 : 마리코 씨, 오랜만이에요. 고향 잘 다녀왔어요?
 여 : 네, 잘 갔다 왔어요. 스티븐 씨는 방학에 뭐 했어요?
 남 : 친구들과 일주일 동안 부산에 갔다 왔어요. 마리코 씨는 부산에 가 봤어요?
 여 : 아니요, 가 보고 싶었는데 아직 못 가 봤어요.
 남 : 그럼 다음 방학에 한번 가 보세요. 참 좋아요.
11. 여 : 오늘 점심은 삼계탕이 어때요? 제가 맛있는 식당을 아는데 같이 가요.
 남 : 삼계탕요? 그게 어떤 음식이에요?
 여 : 닭고기하고 인삼으로 만드는데 건강에 좋아요. 아직 삼계탕 안 먹어 봤어요?
 남 : 네. 저는 매운 음식은 잘 못 먹는데 맵지는 않아요?
 여 : 전혀 맵지 않아요. 오늘 한번 먹어 보세요.

[12–13]

p.63

여 : 여보세요? 앙리 씨지요? 저는 박민희라고 하는데 광고 보고 전화했습니다.

남 : 아, 네. 안녕하세요?

여 : 한국어 공부 도와줄 사람은 찾으셨어요?

남 : 아니요, 아직 못 찾았어요.

여 : 그래요? 저는 서울대학교 학생인데 프랑스어를 공부하고 있어요. 제가 도와드리고 싶어서 연락드렸습니다.

남 : 아, 그러세요? 한번 만나고 싶은데 내일 시간 괜찮으세요?

여 : 네, 내일 오전 수업 끝나고 한 시부터 세 시까지 시간이 있어요.

남 : 그럼 내일 한 시 이십 분에 도서관 앞에서 만날까요?

여 : 네, 좋아요. 내일 봬요.

[14–15]

p.63

남 : 선영 씨, 사진 찍는 거 좋아해요?

여 : 네, 사진 찍는 게 제 취미예요. 여행하면서 찍은 사진을 블로그에 올리고 있어요.

남 : 아, 그래요? 저도 사진 찍는 거 좋아해서 사진 동호회에 가입했어요.

여 : 학교에 사진 동호회가 있어요?

남 : 네, 매주 토요일에 모임이 있는데 같이 사진 찍으러 다녀요.

여 : 이번 주에는 어디에 가요?

남 : 경복궁에 갈 거예요. 선영 씨도 시간 있으면 같이 가요.

여 : 아, 저도 가고 싶은데 먼저 카메라를 사야 돼요.

남 : 카메라가 없어요?

여 : 아니요, 지금 쓰는 것보다 더 좋은 걸 사고 싶어서요. 좋은 가게를 알면 소개해 주세요.

남 : 그럼 오늘 같이 남대문시장에 가요. 거기에 카메라 가게가 많이 있어요.

여 : 좋아요. 그럼 수업 후에 같이 점심 먹고 카메라 사러 가요. 오늘 점심은 제가 살게요.

복습 2

[1–2]

track 12 p.119

1. 남 : 어서 오세요. 뭐 찾으시는 거 있으세요?
   여 : 저, 이 옷을 선물받았는데 바꾸고 싶어서 왔어요.
2. 여 : 어서 오세요.
   남 : 저, 프랑스에 소포로 김치를 보낼 수 있어요?
   여 : 네, 포장만 잘 하시면 됩니다.

[3–7]

p.120

3. ① 남 : 어떤 옷을 찾으세요?
   여 : 조금만 깎아 주세요.
   ② 남 : 어떤 옷을 찾으세요?
   여 : 원피스 좀 보여 주세요.
   ③ 남 : 어떤 옷을 찾으세요?
   여 : 시장에 가서 사면 돼요.
   ④ 남 : 어떤 옷을 찾으세요?
   여 : 옷이 너무 비싼 것 같아요.
4. ① 여 : 항공료가 어떻게 돼요?
   남 : 아마 일주일쯤 걸릴 거예요.
   ② 여 : 항공료가 어떻게 돼요?
   남 : 왕복에 삼십오만 원입니다.
   ③ 여 : 항공료가 어떻게 돼요?
   남 : 일요일에는 좌석이 없습니다.
   ④ 여 : 항공료가 어떻게 돼요?
   남 : 월요일 오전 열 시에 출발합니다.
5. ① 남 : 지금 보내면 언제쯤 도착할까요?
   여 : 내일까지 보내야 합니다.
   ② 남 : 지금 보내면 언제쯤 도착할까요?
   여 : 배로 보내면 오천 원입니다.
   ③ 남 : 지금 보내면 언제쯤 도착할까요?
   여 : 평일은 여섯 시까지 문을 엽니다.
   ④ 남 : 지금 보내면 언제쯤 도착할까요?
   여 : 목요일쯤 받으실 수 있을 겁니다.
6. ① 여 : 이 식당은 뭐가 맛있어요? 맵지 않고 맛있는 거로 추천 좀 해 주세요.
   남 : 안 매웠으면 좋겠어요.

② 여 : 이 식당은 뭐가 맛있어요? 맵지 않고 맛있는 거로 추천 좀 해 주세요.

남 : 추천하고 싶은 음식이 있어요?

③ 여 : 이 식당은 뭐가 맛있어요? 맵지 않고 맛있는 거로 추천 좀 해 주세요.

남 : 죄송하지만 불고기는 안 됩니다.

④ 여 : 이 식당은 뭐가 맛있어요? 맵지 않고 맛있는 거로 추천 좀 해 주세요.

남 : 그럼 설렁탕을 한번 드셔 보세요.

7. ① 남 : 두 시 비행기인데 몇 시까지 공항에 가야 돼요?

여 : 비행기가 한 시쯤 도착합니다.

② 남 : 두 시 비행기인데 몇 시까지 공항에 가야 돼요?

여 : 열두 시까지 가는 게 좋습니다.

③ 남 : 두 시 비행기인데 몇 시까지 공항에 가야 돼요?

여 : 가방은 부치고 타시는 게 좋습니다.

④ 남 : 두 시 비행기인데 몇 시까지 공항에 가야 돼요?

여 : 지하철로 두 시간 걸리니까 늦지 마세요.

[8–9] p.120

8. 여 : 다음 주에 미국으로 여행 가는데 아직 돈을 못 바꿨어요.

남 : 학교 안에 있는 은행에서도 바꿀 수 있으니까 가 보세요.

9. 남 : 한국어 공부 마치고 나서 뭐 할 거예요?

여 : 6급이 끝나면 한국에서 대학원에 들어가려고 해요.

[10–11] p.120

10. 남 : 지연 씨, 다음 주에 미국에서 제 친구가 오는데 같이 어떤 공연을 보면 좋을까요?

여 : '난타'가 어때요? 한국에 오는 외국인들이 많이 보는 공연인데 아주 재미있어요.

남 : 제 친구는 한국말을 전혀 못 하는데 괜찮을까요?

여 : '난타'는 말로 하지 않고 사물놀이와 춤으로 하는 공연이라서 외국인들도 다 이해할 수 있어요.

남 : 그래요? 저도 아직 못 봤는데 보고 싶네요. 친구랑 다음 주말에 보려고 하는데 인터넷으로 예매할 수 있지요?

여 : 네, 그런데 주말에는 사람이 많으니까 빨리 예매하는 게 좋을 거예요.

11. 여 : 마이클 씨, 다음 달에 고향으로 돌아가지요?

남 : 네, 그래서 책상하고 텔레비전을 팔려고 하는데 살 사람이 있을까요?

여 : 얼마에 팔 거예요?

남 : 책상은 2만 원, 텔레비전은 4만 원에 팔려고 해요.

여 : 그럼 게시판에 광고를 붙여 보세요. 비싸지 않으니까 살 사람이 있을 거예요.

[12–13] p.121

여 : 어서 오세요. 뭘 도와드릴까요?

남 : 통장을 잃어버려서 다시 만들고 싶은데 어떻게 해야 돼요?

여 : 신분증하고 이천 원만 주시면 됩니다.

남 : 네, 그런데 여권이 없는데 외국인등록증도 괜찮아요?

여 : 네, 괜찮습니다. 먼저 여기에 성함과 주소, 연락처를 쓰시고 나서 서명을 하시면 됩니다.

남 : 어제 이사를 해서 집 주소를 잘 모르는데 학교 주소도 괜찮아요?

여 : 네, 괜찮습니다. 잠깐만 기다려 주세요.

남 : 현금 카드도 다시 만들어야 돼요?

여 : 아니요, 현금 카드는 그냥 쓰시면 됩니다.

[14–15] p.121

남 : 여보세요. 마리코 씨 지금 전화 괜찮아요?

여 : 네, 괜찮아요. 무슨 일 있어요?

남 : 다음 달에 제가 3박 4일 동안 도쿄로 여행을 가려고 하는데 일본 여행에 대해서 좀 물어보려고요.

여 : 호텔은 예약했어요?

남 : 아직 못 했어요.

여 : 아, 그럼 제가 비싸지 않고 깨끗한 호텔을 아니까 예약하는 걸 도와줄게요.

남 : 고마워요. 그런데 일본에서 지하철로 다닐 거니까 지하철역에서 가까웠으면 좋겠어요.

여 : 네, 역에서 걸어갈 수 있어요. 그런데 일본에서 어디에 가 보고 싶어요?

남 : 대학생들이 많이 가는 거리에도 가 보고 싶고 디즈니랜드에도 가고 싶어요.

여 : 그럼 내일 제가 일본 여행안내 책을 가져갈게요. 만나서 자세히 이야기해요.

복습 3

[1–2]

track 19 p.179

1. 남 : 명동에 가려면 몇 번 버스를 타야 돼요?
   여 : 이 정류장에는 명동 가는 버스가 없는데요.
2. 여 : 저, 거기 서울대학교지요?
   남 : 네, 그렇습니다.
   여 : 문의할 게 좀 있는데요. 한국어 수업은 언제부터 시작하나요?

[3–7]

p.180

3. ① 남 : 이 근처에 우체국이 어디 있는지 아세요?
   여 : 네, 저 건물 1층에 있어요.
   ② 남 : 이 근처에 우체국이 어디 있는지 아세요?
   여 : 네, 편지를 부치러 왔어요.
   ③ 남 : 이 근처에 우체국이 어디 있는지 아세요?
   여 : 아니요, 여기에서 쭉 가시면 돼요.
   ④ 남 : 이 근처에 우체국이 어디 있는지 아세요?
   여 : 아니요, 우체국은 은행 옆에 있어요.
4. ① 여 : 내일 친구하고 1박 2일로 여행 가요.
   남 : 외롭겠어요.
   ② 여 : 내일 친구하고 1박 2일로 여행 가요.
   남 : 슬프겠어요.
   ③ 여 : 내일 친구하고 1박 2일로 여행 가요.
   남 : 재미있겠어요.
   ④ 여 : 내일 친구하고 1박 2일로 여행 가요.
   남 : 긴장되겠어요.
5. ① 남 : 나나 씨, 저 아키라인데요, 지금 통화 괜찮아요?
   여 : 네, 괜찮아요. 무슨 일이에요?
   ② 남 : 나나 씨, 저 아키라인데요, 지금 통화 괜찮아요?
   여 : 네, 조금 이따가 다시 전화해 주세요.
   ③ 남 : 나나 씨, 저 아키라인데요, 지금 통화 괜찮아요?
   여 : 아니요, 지금 나나는 학교에 갔어요.
   ④ 남 : 나나 씨, 저 아키라인데요, 지금 통화 괜찮아요?
   여 : 아니요, 문의할 게 있어서 전화드렸어요.
6. ① 여 : 스티븐 씨가 오늘 학교에 왔나요?
   남 : 아니요, 어제 결석했어요.
   ② 여 : 스티븐 씨가 오늘 학교에 왔나요?
   남 : 아니요, 학교에 있는데요.
   ③ 여 : 스티븐 씨가 오늘 학교에 왔나요?
   남 : 네, 저도 학교에 가려고 해요.
   ④ 여 : 스티븐 씨가 오늘 학교에 왔나요?
   남 : 네, 아까 교실에서 만났어요.
7. ① 남 : 히엔 씨, 제가 지갑을 안 가져왔는데 만 원만 빌려줄 수 있어요?
   여 : 네, 제가 빌려줬어요.
   ② 남 : 히엔 씨, 제가 지갑을 안 가져왔는데 만 원만 빌려줄 수 있어요?
   여 : 좋아요. 같이 사러 가요.
   ③ 남 : 히엔 씨, 제가 지갑을 안 가져왔는데 만 원만 빌려줄 수 있어요?
   여 : 저도 오천 원밖에 없는데요.
   ④ 남 : 히엔 씨, 제가 지갑을 안 가져왔는데 만 원만 빌려줄 수 있어요?
   여 : 미안해요. 오늘은 시간이 없어요.

[8–9]

p.180

8. 여 : 인사동에 가려면 뭘 타야 해요?
   남 : 여기에서는 지하철을 타는 게 제일 빨라요.
9. 남 : 국립극장이지요? 이번 토요일 몇 시에 사물놀이 공연이 있나요?
   여 : 오후 두 시와 여섯 시에 공연이 있습니다.

[10–11]

p.180

10. 남 : 켈리 씨, 이 근처에 은행이 어디에 있는지 아세요?
    여 : 이쪽으로 쭉 가면 지하철역이 나와요. 그 옆에 은행이 있어요.
    남 : 여기에서 얼마나 걸려요?
    여 : 걸어서 십 분 정도 걸려요. 조금 있으면 은행 문을 닫으니까 빨리 가세요.
    남 : 알겠어요. 고마워요.
11. 남 : 여보세요? 히엔 씨, 저 스티븐인데요.
    여 : 아, 스티븐 씨, 지금 어디예요?
    남 : 지금 시청역에서 내렸는데 4번 출구로 나가면 되지요?
    여 : 아니요, 1번 출구로 나오세요. 1번 출구로 나오면 빵집이 있는데 그 앞에서 기다리고 있어요.

[12-13]

p.181

남 : 네, 한국태권도입니다.

여 : 외국인을 위한 태권도 수업 광고를 보고 전화했는데요, 참가비가 얼마인가요?

남 : 네, 참가비는 이만 원이고 수업에 필요한 태권도복은 무료로 빌려드립니다.

여 : 언제까지 신청해야 하나요?

남 : 이번 주 금요일까지 하시면 됩니다. 수업은 다음 주 월요일부터 시작하고요. 전화로도 신청하실 수 있는데 지금 하시겠어요?

여 : 아니요, 조금 생각해 보고 나서 신청할게요. 인터넷으로도 신청할 수 있지요?

남 : 네, 지금 인터넷으로도 접수 중입니다.

여 : 참가비는 언제까지 내야 하나요?

남 : 이번 주 금요일까지 입금하시면 됩니다.

여 : 네, 알겠습니다. 감사합니다.

[14-15]

p.181

남 : 유진 씨, 무슨 일 있어요? 기분이 안 좋은 것 같네요.

여 : 아, 동생 때문에 좀 짜증이 나서 그래요.

남 : 왜요?

여 : 동생이 저한테 말도 안 하고 제 노트북을 가져갔어요. 오늘 발표 때문에 노트북이 꼭 필요한데 큰일이에요.

남 : 동생한테 전화해 봤어요?

여 : 네, 아까부터 전화했는데 계속 통화 중이에요. 연락이 안 돼서 답답해요.

남 : 발표를 몇 시에 하는데요?

여 : 11시에 해야 해요. 이제 한 시간밖에 안 남았는데…….

남 : 유진 씨, 그럼 제 노트북을 빌려줄까요? 제가 발표 준비도 도와줄게요.

여 : 아, 정말 고마워요.

모범 답안 Answer Key

1과 처음 뵙겠습니다

어휘
p.16

연습 1 1) 생년월일 2) 직업 3) 연락처 4) 주소

연습 2 1) 성함 2) 종교 3) 국적

연습 3 1) 매일 2) 매년 3) 매주 4) 매달

연습 4 1) 자주 2) 항상 3) 가끔

문법과 표현

1. N(이)라고 하다 p.18

연습 1 1) 저는 박은진이라고 합니다
2) 저는 샤오밍이라고 합니다
3) 저는 모하메드 알리라고 합니다
4) 저는 마이클 스미스라고 합니다

연습 2 1) A : 이분은 다비드 씨입니다.
B : 반갑습니다. 저는 주성민이라고 합니다.
2) A : 이분은 스티븐 씨입니다.
B : 반갑습니다. 저는 야마다 유카리라고 합니다.

연습 3 1) ① 떡국, 설날에 먹는 음식
② 한복, 한국의 전통 옷
③ 송편, 추석에 먹는 떡

2. V-(으)려고 p.20

연습 1 1) 어머니께 드리려고 꽃을 샀어요
2) 숙제를 물어보려고 친구에게 전화를 했어요
3) 비행기에서 읽으려고 책을 빌렸어요
4) 친구와 같이 먹으려고 고향 음식을 가져왔어요

연습 2 1) 가방을 사려고 갔어요
2) 친구 생일에 주려고 만들었어요
3) 시험공부를 같이 하려고 만났어요
4) 선생님 전화번호를 물어보려고 전화했어요

연습 3 1) 표를 사려고 줄을 섰어요
2) 모르는 단어를 찾으려고 사전을 봤어요
3) 노래를 들으려고 라디오를 켰어요
4) 여권을 만들려고 사진을 찍었어요
5) 안 늦으려고 뛰어갔어요
6) 안 잊어버리려고 수첩에 썼어요

3. V-거나 p.22

연습 1 1) 요리를 하거나 청소를 해요
2) 커피를 마시거나 영화를 봐요
3) 책을 읽거나 텔레비전을 봐요
4) 도서관에 가거나 농구를 할 거예요
5) 편지를 쓰거나 전화를 해요

4. N(이)나 1 p.23

연습 1 1) 빵이나 김밥을 먹어요
2) 버스나 지하철을 타고 가요
3) 옷이나 시계를 받고 싶어요
4) 금요일이나 토요일에 만날 수 있어요
5) 우유나 주스를 사요

문형 연습
p.24

연습 1 1. 저는 최정우라고 합니다
2. 저는 다나카 마리코라고 합니다
3. 저는 류 샤오밍이라고 합니다
4. 저는 줄리앙 김이라고 합니다

연습 2 1. 책을 빌리려고 도서관에 갔어요
2. 약속을 하려고 전화를 했어요
3. 점심에 먹으려고 김밥을 샀어요
4. 여권을 만들려고 사진을 찍었어요

연습 3 1. 운동을 하거나 친구를 만나요
2. 우유를 마시거나 과일을 먹어요
3. 걸어서 오거나 버스를 타요
4. 사전을 찾거나 친구에게 물어봐요

연습 4 1. 불고기나 갈비 어때요
2. 내일이나 모레 어때요
3. 꽃이나 과일 어때요
4. 명동이나 동대문시장 어때요

2과 취미가 뭐예요?

어휘
p. 28

연습 1 1) 인터넷을 해요

2) 음악을 들어요

3) 그림을 그려요

4) 사진을 찍어요

5) 책을 읽어요

6) 낚시를 해요

연습 2 1) ② 2) ④ 3) ① 4) ⑤ 5) ③

연습 3 1) 전혀 2) 별로 3) 아주

문법과 표현

1. V-는 것 p.30

연습 1 1) 요리하는 것이 즐거워요

2) 단어를 외우는 것이 어려워요

3) 고향 음식을 못 먹는 것이 힘들어요

4) 혼자 사는 것이 편해요

연습 2 1) 먹는 것을 좋아해요

2) 집에 있는 것을 좋아해요

3) A : 노래하는 것을 좋아하세요

B : 아니요, 듣는 것을 좋아해요

4) A : 야구하는 것을 좋아하세요

B : 아니요, 야구 경기 보는 것을 좋아해요

5) A : 극장에서 영화 보는 것을 좋아하세요

B : 아니요, 집에서 보는 것을 좋아해요

연습 3 1) 춤추는 것을 2) 그림 그리는 것을

3) 전화하는 것을 4) 공부하는 것을

2. V-(으)ㄹ 줄 알다[모르다] p.32

연습 1 1) 테니스 칠 줄 알아요

2) 스케이트 탈 줄 알아요

3) 운전할 줄 알아요

4) 기타 칠 줄 알아요

5) 한국 음식 만들 줄 알아요

3. V-(으)ㄴ N p.34

연습 1 1) 본 2) 먹은 3) 찍은 4) 들은 5) 만든

연습 2 1) 지난번에 간 식당이 참 좋았어요

2) 친구가 마신 차는 녹차예요

3) 어제 읽은 책이 너무 슬펐어요

4) 어제 산 지갑을 오늘 잃어버렸어요

4. A/V-지 않다 p.36

연습 1 1) 제 방은 크지 않아요

2) 사람들이 별로 많지 않아요

3) 아키라 씨는 요즘 바쁘지 않아요

4) 그 책은 어렵지 않아요

5) 저는 공부하면서 음악을 듣지 않아요

6) 저는 매운 음식을 좋아하지 않아요

7) 어제는 커피를 마시지 않았어요

8) 내일부터 학교에 늦지 않을 거예요

연습 2 1) 먹지 못했어요

2) 이해하지 못했어요

3) 만나지 못했어요

4) 듣지 못했어요

연습 3 1) 아니요, 별로 많지 않아요

2) 아니요, 별로 배고프지 않아요

3) 아니요, 별로 춥지 않아요

4) 아니요, 별로 어렵지 않았어요

5) 아니요, 별로 많이 하지 않았어요

문형 연습 p.38

연습 1 1. 네, 저는 등산하는 것을 좋아해요

2. 네, 저는 영화 보는 것을 좋아해요

3. 네, 저는 여행하는 것을 좋아해요

4. 네, 저는 음악 듣는 것을 좋아해요

연습 2 1. 스키를 탈 줄 알지만 잘 못 타요

2. 피아노를 칠 줄 알지만 잘 못 쳐요

3. 스페인어를 할 줄 알지만 잘 못해요

4. 한국 음식을 만들 줄 알지만 잘 못 만들어요

연습 3 1. 어제 다녀온 콘서트 어땠어요

2. 정우가 소개해 준 친구 어땠어요

3. 어제 읽은 책 어땠어요

4. 아침에 들은 수업 어땠어요

연습 4 1. 아니요, 맵지 않아요

2. 아니요, 크지 않아요

3. 아니요, 만나지 않아요

4. 아니요, 가지 않았어요

3과 콘서트에 가 봤어요?

어휘

p.42

연습 1 1) ⑤ 2) ⑥ 3) ③ 4) ② 5) ① 6) ④

연습 2 1) 박물관 2) 공연장 3) 미술관 4) 놀이공원

연습 3 1) 세 2) 팔 3) 이 4) 한 5) 육 6) 십

문법과 표현

1. V-아/어 보다 p.44

연습 1 1) 가 봤어요
2) 아직 못 타 봤어요
3) 먹어 봤어요
4) 아직 못 해 봤어요
5) 해 봤어요

2. N 동안 p.46

연습 1 1) 한 시부터 두 시까지 한 시간 동안 이야기했어요
2) 십일 일부터 십오 일까지 오 일 동안 있었어요
3) 일 일부터 이십일 일까지 삼 주 동안 했어요
4) 팔월부터 십일월까지 네 달 동안 했어요
5) 이천십 년부터 이천십이 년까지 이 년 동안 살았어요

3. A-(으)ㄴ데, V-는데, N인데 p.47

연습 1

작은데
따뜻한데
추운데
맛있는데
재미없는데
좋았는데
예뻤는데

먹는데
공부하는데
걷는데
사는데
만드는데
만났는데
배웠는데

연습 2 1) 학교에 가는데 친구를 만났어요
2) 밥을 먹는데 전화가 왔어요
3) 날씨가 추운데 따뜻한 옷이 없어요
4) 주말에 영화를 봤는데 무서웠어요
5) 이 사람은 내 친구인데 노래를 잘해요
6) 여기는 학생 식당인데 싸고 맛있어요

연습 3 1) 어려운데 2) 없는데 3) 보이는데
4) 모르는데 5) 탔는데 6) 사고 싶은데

연습 4 1) 내 카메라인데 작년에 샀어요
2) 내 동생인데 키가 커요
3) 우리 학교인데 외국 학생이 많아요

연습 5 1) 어제 뮤지컬을 봤는데 아주 재미있었어요
2) 이 음식이 맛있는데 한번 드셔 보세요
3) 영화가 너무 재미없어서 잤어요
4) 태권도를 배우고 싶은데 어디에서 배울 수 있어요
5) 친구가 학교에 안 와서 친구 집에 전화를 해 봤어요
6) 다음 주에 친구하고 여행을 가려고 하는데 어디가 좋아요
7) 날씨가 더운데 아이스크림을 먹을까요
8) 내일 시험이 있어서 공부해야 돼요
9) 올해부터 대학원 공부를 시작했는데 좀 어려워요
10) 감기에 걸려서 병원에 갔어요

4. V-(으)ㄹ N p.50

연습 1 1) 줄 2) 마실 3) 먹을 4) 앉을 5) 놀

연습 2 1) 마실 2) 볼 3) 먹을 4) 입을

연습 3 1) 할 2) 볼 3) 갈

연습 4 1) 본 2) 갈 3) 먹을 4) 산 5) 빌려준

문형 연습

p.52

연습 1 1. 네, 만들어 봤어요
2. 아니요, 못 가 봤어요
3. 네, 들어 봤어요
4. 아니요, 못 입어 봤어요

연습 2 1. 피곤한데 좀 쉴까요
2. 날씨가 더운데 냉면을 먹을까요
3. 시간이 없는데 택시를 탈까요
4. 내일이 휴일인데 등산하러 갈까요

연습 3 1. 토요일에 산에 갔는데 비가 왔어요
2. 점심에 피자를 먹었는데 맛있었어요
3. 어제 영화를 봤는데 재미있었어요
4. 주말에 이 책을 읽었는데 좀 어려웠어요

연습 4 1. 먹을 음식이 없어요
2. 읽을 책이 많아요
3. 할 일이 있어요
4. 입을 옷이 없어요

복습 1 어휘와 문법

2. 확인하기 p.56

1. X (주러 → 주려고) 2. O 3. X (놀려고 → 놀러)

4. O 5. O

3. 평가하기 p.57

1. ① 2. ④ 3. ① 4. ② 5. ③ 6. ③ 7. ② 8. ①

9. ③ 10. ① 11. ② 12. ① 13. ④ 14. ④ 15. ③

16. ④ 17. ③ 18. ② 19. ③ 20. ④

복습 1 듣기 p.61

1. ② 2. ② 3. ③ 4. ② 5. ③ 6. ④ 7. ④ 8. ③

9. ① 10. ④ 11. ③ 12. ③ 13. ④ 14. ① 15. ②

복습 1 읽기와 쓰기 p.64

1. ④ 2. ① 3. ② 4. ④ 5. ③ 6. ② 7. ④

8. ② 9. ① 10. ③ 11. 운전할 줄 아세요 12. 한국 대학교에 입학하려고 공부해요 13. 김민수라고 합니다 14. 전에 들어 봤어요 15. 쇼핑을 하거나 16. 이야기하려고

4과 옷이 좀 큰 것 같아요

어휘 p.74

연습 1 1) 양복, 넥타이
2) 티셔츠, 청바지, 양말
3) 블라우스, 치마, 구두
4) 모자, 스카프, 장갑

연습 2 1) 입으세요 2) 신어 3) 쓴 4) 끼세요 5) 하는

연습 3 1) 잘 맞아요
2) 네, 마음에 들어요
3) 저는 밝은 색 옷을 좋아해요
4) 긴 치마로 바꿔 주세요
5) 유진 씨한테 잘 어울려요

문법과 표현

1. A-(으)ㄴ 것 같다, V-는 것 같다, N인 것 같다 p.76

연습 1

작은 것 같아요	먹는 것 같아요
따뜻한 것 같아요	공부하는 것 같아요
추운 것 같아요	듣는 것 같아요
맛있는 것 같아요	사는 것 같아요
재미없는 것 같아요	만드는 것 같아요

바쁘지 않은 것 같아요	만나지 않는 것 같아요

연습 2 1) ② 2) ③ 3) ⑤ 4) ④ 5) ①

연습 3 1) 피아노를 치는 것 같아요
2) 야구를 하는 것 같아요
3) 운전을 하는 것 같아요
4) 라면을 먹는 것 같아요
5) 옷을 입는 것 같아요
6) 책을 읽는 것 같아요

연습 4 1) 조금 작은 것 같아요
2) 어려운 것 같아요
3) 무슨 일이 있는 것 같아요
4) 좋아하는 것 같아요
5) 만나지 않는 것 같아요
6) 학생이 아닌 것 같아요

2. N보다 p.79

연습 1 1) 농구보다 수영을 더 잘해요
2) 바지보다 치마가 더 잘 어울려요
3) 사과보다 배가 더 비싸요
4) 지리산보다 한라산이 더 높아요
5) 구두보다 운동화가 더 편해요
6) 겨울보다 여름이 더 좋아요

3. A/V-았으면/었으면 좋겠다 p.80

연습 1 1) 1등을 했으면 좋겠어요
2) 돈을 많이 벌었으면 좋겠어요
3) 한국말을 잘했으면 좋겠어요
4) 내일 날씨가 좋았으면 좋겠어요
5) 시험이 쉬웠으면 좋겠어요
6) 춤을 잘 췄으면 좋겠어요
7) 유명한 가수가 되었으면 좋겠어요

연습 2 1) 예쁜 옷을 받았으면 좋겠어요
2) 재미있는 한국 영화를 봤으면 좋겠어요
3) 여행을 많이 할 수 있는 일을 했으면 좋겠어요
4) 중학교 때 친구를 만났으면 좋겠어요

문형 연습 p.82

연습 1 1. 방에서 자는 것 같아요
2. 아주 바쁜 것 같아요
3. 집에 있는 것 같아요

4. 어제보다 추운 것 같아요

연습 2 1. 유진 씨 가방인 것 같아요
2. 다음 주 목요일인 것 같아요
3. 프랑스 사람인 것 같아요
4. 3층인 것 같아요

연습 3 1. 오늘이 어제보다 더 바빠요
2. 올해가 작년보다 더 더워요
3. 쓰기가 읽기보다 더 어려워요
4. 한라산이 설악산보다 더 높아요

연습 4 1. 한국말을 잘했으면 좋겠어요
2. 돈이 많았으면 좋겠어요
3. 숙제가 없었으면 좋겠어요
4. 집이 가까웠으면 좋겠어요

5과 어디에 가면 좋을까요?

어휘 p.86

연습 1 1) 기간 2) 숙소 3) 요금 4) 교통편 5) 일정

연습 2 1) ⑤ 2) ④ 3) ③ 4) ①

연습 3 1) 24만원(이십사만 원) 2) 홍콩
3) 11월 7일 일요일 4) 일반석

문법과 표현

1. A/V-(으)ㄹ까요? p.88

연습 1 1) 저 식당 음식이 맛있을까요
2) 시험이 어려울까요
3) 이 옷이 맞을까요
4) 매운 음식을 좋아할까요
5) 이 책을 읽을 수 있을까요

연습 2 1) 복잡할까요 2) 비쌀까요 3) 있을까요
4) 재미있을까요 5) 늦을까요 6) 열까요

2. A/V-(으)ㄹ 거예요 p.90

연습 1 1) 아마 막힐 거예요
2) 아마 어려울 거예요
3) 아마 좋아할 거예요
4) 아마 알 거예요
5) 아마 안 계실 거예요

연습 2 1) 인터넷으로 사면 싸게 살 수 있을 거예요
2) 춘천에 가면 좋을 거예요
3) 많이 쓰면 잘 외울 수 있을 거예요

연습 3 1) 네, 찾았을 거예요
2) 아니요, 아직 다 안 먹었을 거예요
3) 네, 시작했을 거예요
4) 아니요, 아직 안 끝났을 거예요

3. A/V-(으)니까, N이니까 p.92

연습 1

복잡하니까	공부하니까
좋으니까	읽으니까
맛있으니까	들으니까
머니까	사니까
어려우니까	만드니까

연습 2 1) 지금 시간이 없으니까 내일 다시 오세요
2) 담배는 건강에 안 좋으니까 피우지 마세요
3) 날씨가 너무 추우니까 밖에 나가지 마세요
4) 학생은 무료니까 그냥 들어가세요
5) 어제 많이 일했으니까 오늘은 쉬세요
6) 늦었으니까 빨리 출발하세요

연습 3 1) 길이 막히니까
2) 날씨가 좋으니까
3) 이번 주는 바쁘니까
4) 배가 많이 고프니까

연습 4 1) ③ 2) ④ 3) ② 4) ① 5) ⑤

4. V-고 나서 p.94

연습 1 1) 준비운동하고 나서 수영하세요
2) 밥을 먹고 나서 약을 드세요
3) 생각해 보고 나서 결정하세요
4) 설명을 다 듣고 나서 질문하세요
5) 책을 다 읽고 나서 자기의 생각을 쓰세요

연습 2 1) 운동하고 나서 학교에 갔어요
2) 이를 닦고 나서 샤워를 해요
3) 숙제를 하고 나서 친구하고 같이 영화를 볼 거예요
4) 졸업하고 나서 일을 할 거예요

연습 3 1) 아니요, 책을 다 읽고 나서 잘 거예요
2) 아니요, 청소를 다 하고 나서 먹을 거예요
3) 발표 준비를 다 하고 나서 갈 거예요
4) 한국어 공부를 다 마치고 나서 돌아갈 거예요

문형 연습

p.96

연습 1 1. 지금 가면 늦을까요
2. 도서관에 자리가 있을까요
3. 이 영화가 무서울까요
4. 나나 씨가 집에 도착했을까요

연습 2 1. 네, 막힐 거예요
2. 아니요, 없을 거예요
3. 네, 어울릴 거예요
4. 아니요, 안 매울 거예요

연습 3 1. 오늘은 바쁘니까 내일 만나요
2. 백화점은 비싸니까 시장에서 사요
3. 여기에서 가까우니까 걸어서 가요
4. 오늘 시험이 끝났으니까 같이 영화 봐요

연습 4 1. 영화를 보고 나서 친구와 이야기했어요
2. 운동하고 나서 샤워했어요
3. 손을 씻고 나서 밥을 먹었어요
4. 문자를 받고 나서 전화했어요

6과 비행기로 보내면 얼마예요?

어휘

p.100

연습 1 우체국 1) ② 2) ③ 3) ④ 4) ①
은행 1) ① 2) ③ 3) ④ 4) ②

연습 2 편지 1) 붙여요 2) 넣어요 3) 부쳐요
소포 1) 넣어요 2) 포장해요 3) 써요 4) 부쳐요

연습 3 1) 넣고 2) 찾고 3) 보내고 4) 바꾸고

문법과 표현

1. N(으)로

p.102

연습 1 1) 배로 2) 인터넷으로 3) 숟가락으로
4) 휴대 전화로 5) 연필로 6) 지하철로

연습 2 1) 지하철로 2) 한국어로 3) 이메일로
4) 카드로

2. N(이)라서

p.104

연습 1 1) 집이 학교 근처라서
2) 지금 회의 중이라서
3) 내가 제일 좋아하는 영화라서
4) 지금 쉬는 시간이라서
5) 퇴근 시간이 아니라서

연습 2 1) 크리스마스라서
2) 친구 생일이라서
3) 겨울이라서
4) 방학이라서

연습 3 1) 우산이 없어서
2) 시간이 없어서
3) 주말이라서
4) 아파트라서

3. 'ㄹ' 불규칙

p.106

연습 1

빨라요	빠릅니다	빠르니까	빨라서	빠른데
달라요	다릅니다	다르니까	달라서	다른데
몰라요	모릅니다	모르니까	몰라서	모르는데
불러요	부릅니다	부르니까	불러서	부르는데
올라요	오릅니다	오르니까	올라서	오르는데
서둘러요	서두릅니다	서두르니까	서둘러서	서두르는데

연습 2 1) 서둘러요 2) 부르는 3) 빨라요
4) 몰라요 5) 올랐어요 6) 달라서

4. V-(으)면 되다

p.107

연습 1 1) 서명을 하면 돼요
2) 10분만 걸으면 돼요
3) 현금 인출기를 이용하면 돼요
4) 큰 소리로 많이 읽으면 돼요
5) 열심히 공부하면 돼요
6) 내일까지만 끝내면 돼요

연습 2 1) 물만 주시면 돼요
2) 서명만 하시면 돼요
3) 여권만 있으면 돼요
4) 사과만 사면 돼요

연습 3 1) 지하철 2호선을 타면 돼요
2) 인터넷으로 등록하면 돼요
3) 문자를 보내면 돼요
4) 내일까지 내면 돼요
5) 10분만 기다리면 돼요

5. V-(으)ㄴ 것 같다

p.109

연습 1 1) 싸운 것 같아요
2) 도착한 것 같아요

3) 안 먹은 것 같아요
4) 운 것 같아요

연습 2 1) 한 2) 먹는 3) 잊어버린 4) 싫어하는

문형 연습 p.110

연습 1 1. 문자로 연락해요
2. 우편으로 보내요
3. 인터넷으로 사요
4. 한국말로 이야기해요

연습 2 1. 아니요, 지금은 방학이라서 많지 않을 거예요
2. 아니요, 지금은 수업 시간이라서 받지 않을 거예요
3. 아니요, 이번 주가 휴가라서 없을 거예요
4. 아니요, 내일이 추석이라서 없을 거예요

연습 3 1. 아니요, 다음 주까지 끝내면 돼요
2. 아니요, 모레까지 내면 돼요
3. 아니요, 열 시까지 도착하면 돼요
4. 아니요, 내일 밤까지 보내면 돼요

연습 4 1. 감기에 걸린 것 같아요
2. 수업이 일찍 끝난 것 같아요
3. 조금 전에 시작한 것 같아요
4. 시험을 잘 본 것 같아요

복습 2 어휘와 문법

2. 확인하기 p.114

1. O
2. X (바빠서 → 바쁘니까)
3. X (재미있어서 → 재미있으니까)
4. X (도와주셨으니까 → 도와주셔서)
5. O

3. 평가하기 p.115

1. ② 2. ① 3. ④ 4. ③ 5. ① 6. ② 7. ③
8. ① 9. ② 10. ③ 11. ③ 12. ② 13. ② 14. ②
15. ④ 16. ④ 17. ④ 18. ③ 19. ② 20. ④

복습 2 듣기 p.119

1. ② 2. ① 3. ② 4. ② 5. ④ 6. ④ 7. ②
8. ③ 9. ① 10. ② 11. ① 12. ④ 13. ④ 14. ④
15. ④

복습 2 읽기와 쓰기 p.122

1. ① 2. ③ 3. ③ 4. ④ 5. ① 6. ③ 7. ④
8. ④ 9. ② 10. ① 11. 집에 간 것 같아요
12. 점심을 먹고 나서 할 거예요 13. 전화번호만 쓰면 돼요 14. 친구들과 여행을 했으면 좋겠어요 15. 지금 길이 많이 막히니까 16. 혼자 여행하는 것을

7과 한옥마을이 어디에 있는지 아세요?

어휘 p.132

연습 1 1) 횡단보도 2) 신호등 3) 지하도 4) 지하철역
5) 육교 6) 버스 정류장 7) 사거리

연습 2 1) 직진하세요
2) 횡단보도를 건너서
3) 은행 앞에서 세워 주세요
4) 좌회전하면
5) 우회전하세요

문법과 표현

1. A/V-(으)ㄹ 것 같다 p.134

연습 1 1) 눈이 올 것 같아요
2) 시험이 어려울 것 같아요
3) 저 영화가 무서울 것 같아요
4) 이 바지는 나한테 좀 길 것 같아요
5) 민수 씨는 지금 집에 없을 것 같아요

연습 2 1) 늦을 것 같아요
2) 재미없을 것 같아요
3) 지하철을 타는 게 빠를 것 같아요
4) 더울 것 같아요

연습 3 1) 네, 좋을 것 같아요
2) 밥 먹고 있을 것 같아요
3) 산에 가면 좋을 것 같아요
4) 옷을 선물하면 좋아하실 것 같아요

2. V-는지 알다[모르다], N인지 알다[모르다] p.136

연습 1 1) 경기가 몇 시에 시작하는지 아세요
2) 부산까지 얼마나 걸리는지 아세요
3) 불고기를 어떻게 만드는지 아세요

4) 민수 씨가 어디에 갔는지 아세요

5) 교통 카드를 어디에서 살 수 있는지 아세요

연습 2 1) 저도 저 가수 이름이 뭔지 잘 몰라요

2) 저도 줄리앙 씨가 몇 살인지 잘 몰라요

3) 저도 언어교육원 사무실이 어디인지 잘 몰라요

4) 저도 샤오밍 씨 생일이 언제인지 잘 몰라요

5) 저도 학교에서 공항까지 버스 요금이 얼마인지 잘 몰라요

연습 3 1) 무슨 음식을 좋아하는지 아세요

2) 어디에서 파는지 아세요

3) 뭐 했는지 아세요

4) 왜 못 왔는지 아세요

5) A : 비행기가 몇 시에 도착하는지 아세요

B : 네, 오후 12시 30분에 도착해요

3. V-(으)려면 p.138

연습 1 1) 일찍 일어나려면 일찍 자야 해요

2) 외국어를 잘하려면 먼저 많이 들어야 해요

3) 비자를 받으려면 대사관에 가야 해요

4) 늦지 않으려면 지금 나가야 해요

5) 건강해지려면 운동해야 해요

연습 2 1) 한국어 발음을 잘하려면 큰 소리로 연습해야 돼요

2) 비행기 표를 싸게 사려면 인터넷으로 표를 사면 돼요

3) 스트레스를 풀려면 운동하는 게 좋아요

4) 인터넷으로 물건을 사려면 외국인등록증이 필요해요

연습 3 1) 타면 2) 만나려면 3) 끝나면 4) 가려면 5) 않으려면

연습 4 1) 건강해지려고 열심히 운동해요

2) 날마다 연습하면 노래를 잘할 수 있어요

3) 9시까지 가려면 8시에 출발해야 돼요

4) 이태원에 가면 먹을 수 있어요

5) 피곤해서 좀 쉬려고 일찍 가요

4. V-다가 p.140

연습 1 1) 학교에 가다가 친구를 만났어요

2) 텔레비전을 보다가 울었어요

3) 친구와 이야기하다가 싸웠어요

4) 밥을 먹다가 전화를 받았어요

5) 서울에 살다가 부산으로 이사갔어요

연습 2 1) 공부하다가 피곤해서 잤어요

2) 인천에서 살다가 멀어서 이사했어요

3) 일하다가 힘들어서 그만두었어요

4) 택시를 타고 가다가 길이 막혀서 지하철을 탔어요

5) 집에 가다가 배고파서 샀어요

문형 연습 p.142

연습 1 1. 비가 올 것 같아요

2. 이 신발이 편할 것 같아요

3. 저 책이 재미있을 것 같아요

4. 시험이 어려울 것 같아요

연습 2 1. 숙제가 뭔지 아세요

2. 책값이 얼마인지 아세요

3. 지금이 몇 시인지 아세요

4. 사무실이 몇 층인지 아세요

연습 3 1. 책을 빌리려면 학생증을 만드세요

2. 발음을 잘하려면 큰 소리로 많이 읽으세요

3. 한국말을 배우려면 언어교육원에 등록하세요

4. 늦지 않으려면 택시를 타세요

연습 4 1. 영화를 보다가 울었어요

2. 학교에 가다가 친구를 만났어요

3. 밥을 먹다가 전화를 받았어요

4. 서울에서 살다가 부산으로 이사 갔어요

8과 정말 속상하겠어요

어휘 p.146

연습 1 1) 기분이 좋아요 2) 기뻐요 3) 속상해요 4) 외로워요 5) 창피해요 6) 슬퍼요

연습 2 1) 친구들 앞에서 발표하면

2) 가족이 아프면

3) 친구가 나쁜 말을 하면

4) 버스에 사람이 너무 많으면

연습 3 1) 조용한 음악을 들어요

2) 친구와 이야기해요

3) 따뜻한 물로 목욕을 해요

4) 운동을 해요

문법과 표현

1. A/V-겠 p.148

연습 1 1) 배고프겠어요
2) 따뜻하겠어요
3) 어렵겠어요
4) 맵겠어요
5) 재미있겠어요

연습 2 1) 정말 힘들었겠어요
2) 무서웠겠어요
3) 긴장됐겠어요
4) 재미있었겠어요
5) 오래 기다렸겠어요
6) 아침부터 바빴겠어요

2. N 때문에 p.150

연습 1 1) 날씨 때문에 못 했어요
2) 일 때문에 못 갔어요
3) 버스 때문에 늦었어요
4) 회의 때문에 못 먹었어요
5) 택배 때문에 일찍 갔어요

연습 2 1) 시험공부 때문에 힘들어요. 다음 주가 시험이라서 매일 공부하고 있어요
2) 아르바이트 때문에 바빠요. 저녁까지 아르바이트를 해요
3) 전화 때문에 싸웠어요. 시험을 잘 못 봤어요
4) 시험 때문에 기분이 안 좋아요. 시험을 잘 못 봤어요

연습 3 1) 토요일이라서 2) 숙제 때문에
3) 친구 때문에 4) 친구 생일이라서
5) 눈 때문에

3. V-아/어 버리다 p.152

연습 1 1) 가 버렸어요 2) 떠나 버렸어요
3) 먹어 버렸어요 4) 실수를 해 버렸어요
5) 돈을 다 써 버렸어요

연습 2 1) 해 버렸어요 2) 와 버렸어요 3) 울어 버려요
4) 잘라 버렸어요

연습 3 1) 잃어버려서 2) 잊어버려서 3) 잃어버려서
4) 잃어버렸는데 5) 잊어버리고

4. A/V-(으)ㄹ 때 p.154

연습 1 1) 친구와 이야기를 할 때
2) 아플 때
3) 지하철에 사람이 많을 때
4) 사람들 앞에서 발표할 때
5) 혼자 밥 먹을 때

연습 2 1) 목이 아플 때 2) 잠이 안 올 때
3) 산에 갈 때 4) 길이 복잡할 때
5) 친구 결혼식에 갈 때 6) 더울 때
7) 모르는 단어가 있을 때 8) 운전할 때

문형 연습 p.156

연습 1 1. 기쁘겠네요
2. 속상하겠네요
3. 걱정되겠네요
4. 좋겠네요

연습 2 1. 일 때문에 못 했어요
2. 버스 때문에 늦었어요
3. 숙제 때문에 못 갔어요
4. 날씨 때문에 못 했어요

연습 3 1. 아니요, 놓쳐 버렸어요
2. 아니요, 잊어버렸어요
3. 아니요, 잃어버렸어요
4. 아니요, 다 써 버렸어요

연습 4 1. 친구가 거짓말할 때 화가 나요
2. 집에 혼자 있을 때 외로워요
3. 몸이 아플 때 가고 싶어요
4. 사람들 앞에서 발표할 때 긴장돼요

9과 문의할 게 있는데요

어휘 p.160

연습 1 1) 끊을 2) 걸었는데 3) 받을 4) 바꿔

연습 2 1) 문자를 보낼게요 2) 문자를 받았어요
3) 문자를 지우세요

연습 3 1) 대상 2) 기간 3) 문의해 보세요
4) 참가비 5) 장소 6) 접수하지

문법과 표현

1. A-(으)ㄴ데요, V-는데요, N인데요 p.162

연습 1 1) 옷을 바꾸고 싶은데요, 안 가져왔는데요
2) 통장을 만들고 싶은데요, 없는데요
3) 친구 선물을 사려고 하는데요, 모르는데요
4) 영화 보러 가는데요, 친구랑 가는데요

연습 2 1) 없는데요
2) 전데요
3) 이지연인데요
4) 무슨 일인데요

2. V-는 중이다, N 중이다 p.164

연습 1 1) 배우는 중이에요
2) 저녁을 먹는 중이에요
3) 찾고 있는 중이에요
4) 문자를 보내는 중이었어요
5) 회의하는 중이라서
6) 공사하는 중이라서

연습 2 1) 휴가 중 2) 공사 중 3) 상영 중
4) 수업 중 5) 출장 중

3. A-(으)ㄴ가요?, V-나요?, N인가요? p.166

연습 1 1) 좋은가요 2) 필요한가요 3) 매운가요
4) 먼가요 5) 있나요 6) 시작하나요
7) 내야 하나요 8) 전화해 봤나요

연습 2 1) 몇 시인가요 2) 며칠인가요
3) 무슨 요일인가요 4) 뭔가요 5) 누구신가요

연습 3 1) 한국 음식을 좋아하나요
2) 요리를 잘하나요
3) 민수 씨 생일을 아나요
4) 부모님께 자주 전화하나요

4. N밖에 p.168

연습 1 1) 물밖에 없어요
2) 한 명밖에 안 왔어요
3) 이름밖에 몰라요
4) 천 원밖에 없어요
5) 우유밖에 안 마셨어요
6) 한 달에 한 번밖에 안 해요

문형 연습 p.170

연습 1 1. 소포를 보내러 왔는데요
2. 김 선생님을 만나러 왔는데요
3. 학생증을 찾으러 왔는데요
4. 통장을 만들러 왔는데요

연습 2 1. 지금 회의 중인데요
2. 지금 통화 중인데요
3. 지금 수업 중인데요
4. 지금 휴가 중인데요

연습 3 1. 내일 학교에 가나요
2. 밖에 비가 오나요
3. 어떤 책을 읽고 있나요
4. 기숙사에 사나요

연습 4 1. 아니요, 세 명밖에 안 왔어요
2. 아니요, 네 시간밖에 안 잤어요
3. 아니요, 한 잔밖에 안 마셨어요
4. 아니요, 두 번밖에 안 봤어요

복습 3 어휘와 문법

2. 확인하기 p.174

1. ○
2. ○
3. × (방학 때문에 → 방학이라서)
4. × (외국 사람 때문에 → 외국 사람이라서)
5. ○

3. 평가하기 p.175

1. ④ 2. ① 3. ④ 4. ③ 5. ② 6. ④ 7. ③
8. ① 9. ③ 10. ② 11. ② 12. ① 13. ③ 14. ②
15. ③ 16. ① 17. ① 18. ④ 19. ④ 20. ②

복습 3 듣기 p.179

1. ③ 2. ① 3. ① 4. ③ 5. ① 6. ④ 7. ③
8. ④ 9. ② 10. ② 11. ④ 12. ① 13. ② 14. ③
15. ④

복습 3 읽기와 쓰기 p.182

1. ① 2. ④ 3. ② 4. ② 5. ③ 6. ④ 7. ②
8. ④ 9. ④ 10. ① 11. 아니요, 사람이 많아서 살 수 없을 것 같아요 12. 숙제하다가 피곤해서 잤어요
13. 빨리 가려면 지하철을 타세요 14. 네 시간밖에 못 잤어요 15. 날씨 때문에 못 갔어요 16. 맵지 않은

집필 Authors

최은규 Choi Eunkyu

서울대학교 국어국문학과 박사
Seoul National University, Ph.D. in Korean Language and Literature

서울대학교 언어교육원 한국어교육센터 대우부교수
Seoul National University, LEI Associate Professor

이정화 Lee Jeonghwa

이화여자대학교 국어국문학과 박사
Ewha Womans University, Ph.D. in Korean Language and Literature

서울대학교 언어교육원 한국어교육센터 대우조교수
Seoul National University, LEI Assistant Professor

조경윤 Cho Kyungyoon

한양대학교 국어국문학과 박사 과정 수료
Hanyang University, Ph.D. Candidate in Korean Language and Literature

서울대학교 언어교육원 한국어교육센터 대우전임강사
Seoul National University, LEI Full-time Instructor

이수정 Lee Sujeong

한국외국어대학교 국어국문학과 박사
Hankuk University of Foreign Studies, Ph.D. in Korean Language and Literature

서울대학교 언어교육원 한국어교육센터 대우전임강사
Seoul National University, LEI Full-time Instructor

번역 Translator

이소영 Lee Soyoung

이화여자대학교 교육공학과 박사
Ewha Womans University, Ph.D. in the Department of Educational Technology

서울대학교 언어교육원 한국어교육센터 대우전임강사
Seoul National University, LEI Full-time Instructor

번역 감수 Translation Editor

로버트 카루바 Robert Carrubba

서강대학교 국어국문학과 석사
Sogang University, M.A. in Korean Language and Literature

한국어 교육자 및 번역가
Korean Language Educator and Translator